青少年综合素质培养课

青少年 品质培养课

品质

杜兴东 编著

全球经典的品质培养成长书系之一

你的人生第一课

北京出版集团
北京出版社

图书在版编目(CIP)数据

青少年品质培养课．品质／杜兴东编著．— 北京：
北京出版社，2014.1
（青少年综合素质培养课）
ISBN 978 - 7 - 200 - 10280 - 2

Ⅰ．①青… Ⅱ．①杜… Ⅲ．①青少年教育—品德教育
Ⅳ．①D432.62

中国版本图书馆 CIP 数据核字（2013）第 282800 号

青少年综合素质培养课
青少年品质培养课　品质
QING-SHAONIAN PINZHI PEIYANGKE　PINZHI
杜兴东　编著
*
北 京 出 版 集 团
北 京 出 版 社　出版
（北京北三环中路 6 号）
邮政编码：100120

网　　址：www．bph．com．cn
北 京 出 版 集 团 总 发 行
新 华 书 店 经 销
三河市同力彩印有限公司印刷
*
787 毫米×1092 毫米　16 开本　12 印张　170 千字
2014 年 1 月第 1 版　2023 年 2 月第 4 次印刷
ISBN 978 - 7 - 200 - 10280 - 2
定价：32.00 元
如有印装质量问题，由本社负责调换
质量监督电话：010 - 58572393
责任编辑电话：010 - 58572775

前　言

　　商汤是商朝的创建者，在位 30 年，其中 17 年为商国诸侯，13 年为商朝国王。

　　从禹开始，夏朝经过五代君王，最后传到夏桀手里就灭亡了。夏桀荒淫无道，治国无方，引起百姓的不满和怨恨，但大多数都埋在心里，不敢说出来，这种恨在百姓的心里已经越积越厚。在这个时候，商的首领汤看到百姓受难，心里十分难受，他想让百姓过上好日子，推翻夏桀的统治，带领人们走出痛苦的深渊。

　　汤不仅雄才大略、才华过人，心地也非常善良，人品更是让人们敬佩。有一天，他正走在小树林里，迎面看到一个人张了一张大网，汤猜到他肯定是在捕鸟。那个人还自夸地说："天底下无论从哪里来的鸟，都能进入我的网，让我捕更多的鸟吧！"

　　汤一听，如果鸟都来到了这个网里，那不是都难逃一死了吗？于是汤动了恻隐之心，想解救即将面临灾难的鸟儿，于是汤对捕鸟人说："哎呀，这样太残忍了，你捕那么多的鸟儿，最后鸟儿就会被你一网打尽了，这样做是不对的。而且鸟也是天地间的生灵，跟人一样，也是有生命的。"

　　正在这个人不解之际，汤砍断了三面网，并小声祷告："鸟儿啊！鸟儿啊！你们愿往左飞就往左飞，愿往右飞就往右飞，赶紧逃命吧！去回归属于自己的天空，如果你真的厌倦了自己的生活，实在不想活了，就进入网里来吧!"随后，那些鸟儿都逃掉了。

这件事很快被诸侯和部落首领们听到了，他们非常敬佩汤首领，纷纷说："商汤一定会是一个好君王，他对飞禽走兽都如此仁慈，对人肯定更加仁爱，以后他也会爱戴百姓的，仁君不仅体现在治理国家上，更应该体现在他的品德上。"

汤有一颗善心，所以他得臣心、得民心。很快，随着汤的声名鹊起，40个氏族部落先后归顺于他。后来，汤带领部队打败了夏，建立国家后，对内减轻征敛，鼓励生产，安抚民心，从而扩展了统治区域，影响远至黄河上游，氐、羌部落都来纳贡归服。汤励精图治，国家蒸蒸日上，他给百姓创建了一个和谐的社会。

品质是人生之本。一个人的品质和修养决定了他成就的高度。在成长的道路上，我们需要以优秀的品质来启迪自己的智慧，激发自己的力量，升华自己做人的境界。只有具备了优秀的品质，我们才能够实现自己人生的价值，创造出卓越和精彩的人生。有这样一个小故事，生动地反映了品质对我们的人生和成功的影响。

期末考试的最后一天，在一幢楼的台阶上，一群即将毕业的高年级学生挤作一团，正在讨论几分钟后就要开始的考试，这是他们最后一次考试。他们的脸上充满了自信，因为他们相信自己一定可以通过和以前一样的考试。

一些人开始谈论他们暑假的计划，另一些人则谈论他们将会得到的兼职工作。

老师走进来说："这是最后一次考试，你们可以带着书或笔记本，但不能相互说话。教室里需要保持安静。祝你们顺利。"说完，教室里立刻安静了下来。

当老师把试卷分发下去，学生们注意到只有5道评论类型的考题时，脸上的笑容更灿烂了。"太简单了，看我们谁做得最快!"大家互相调笑着。

但两个小时过去了，没有人提前交卷。亨利老师开始收试卷。学生们看起来不再自信了，他们脸上的表情很害怕。

教室里更加安静了。亨利老师俯视着他面前这些焦急的面孔，然后问："完成5道题目的有多少人？"没有一只手举起来。

"完成4道题的有多少？"亨利老师接着问。

仍然没有人举手。

"三道题？两道题？"亨利老师继续问。

学生们不安地在座位上扭来扭去。

"那么一道题呢？肯定有人完成一道题的。"亨利老师最后问道。

但整个教室里的人依然保持沉默。亨利老师放下了试卷。"这正是我期望得到的结果。"他说，"亲爱的同学，你们手里的试卷，对于你们来说，确实比较困难，因为这些问题你们根本就没有接触过。"他接着说，"所以你们没有做出来，这一点都不奇怪。相反，如果有人做出来，反而会让我感到惊讶。"

"但是，我很高兴，因为你们每一个人都通过了这次考试，一次有关品德的考试。那就是诚实，很高兴你们没有让我失望。在这个最后的时刻，我需要对你们说的是希望你们一直保持这种品德，因为你们很快会发现这会为你们带来幸福和快乐。"

故事中的老师是用心良苦的，他深刻地知道，诚实是人类的美德之一，也是做人的重要品德之一。把培养学生诚实的品质作为一项重要的教育内容，比在知识上的评分更重要。

在现实生活中，从许多杰出的青少年身上可以发现，他们共有的优秀品质除了诚信，还有自尊、自立、自省、懂得尊重、忠诚、正直、负责、孝顺、自制、感恩、善良、谦逊、宽容、认真、积极进取、勤奋、乐观、坚韧、勇敢、节俭、热爱生命等，正是这些优秀品质，造就了他们的优秀和杰出。

青少年是祖国的未来、民族的希望。我国近代著名的政治家、学者梁启超先生在那篇曾被广为传诵的文章《少年中国说》中写道："少年强则国强，少年自由则国自由，少年独立则国独立，少年强于欧洲则国强于欧洲，少年雄于地球则国雄于地球。"

青少年身上承担着振兴中华的重任，切不可自甘平庸或者让自己终日沉迷于游戏和无意义的事情上，我们应当以古今中外的杰出青少年为榜样，学习他们身上的优秀品质，让自己的人生也处处充满精彩和骄傲。

立足于青少年的人生成长和优秀品质的养成，我们根据青少年的成长特点和需要，在参照了大量的专业书籍、通俗读物的基础上，精心写作了此书，希望能够为青少年塑造优秀品质，成就卓越人生起到积极的推动作用。

本书真正贴近心灵，关注青少年成长，相信青少年朋友会从中获益，养成受益一生的优秀品质，并创造一个成功和美好的未来！

目　录

第一章

总在窝里的鹰永远也不会飞：自立的品质

　　自立是生存的开始，是成功的保证。青少年应当学会在社会中自立，不能太依赖别人的帮助，依靠别人的帮助维持生活只能满足你的一时之需，但真正要想在社会中生存下去，还得依靠我们自己的力量。"总在窝里的鹰永远也不会飞。"青少年要在未来的社会竞争中取胜，就应当及早培养自己自立自主的意识，做到自立自强。当你扔掉依赖的拐杖，发现自己的那一天，就是你人生成功的开始。

自立是生存的开始

自立是生存的开始。如果一个人总是依靠别人的搀扶才能够行走，总是要靠别人的指点才能够行动，那么这个人一旦失去了别人的帮助，就没有独立生存下去的能力。

一群小狐狸稍稍长大后，狐狸妈妈便"逼"它们离开家。曾经很护崽的狐狸妈妈忽然像发了疯似的，就是不让小狐狸们进家，又咬又赶，非要把它们都从家里撵走，最后小狐狸们只好依依不舍地去开始自己的独立生活。多么冷酷的心理断奶！但这又是多么理智的生存教育啊！我们也应该像狐狸妈妈对待小狐狸那样来对待自己。

比尔·克林顿7岁的时候，家里在温泉城外买了一个小农场，还雇佣了一名女佣。比尔的家庭并不富裕，但是雇女佣是霍普人的传统。每当克林顿的母亲到医院去上班，女佣便负责照料克林顿和弟弟罗杰的起居和生活。但克林顿几乎不用女佣照料，一切都尝试着自己去做。不仅如此，他还常常主动去照顾弟弟罗杰，陪他玩耍，哄他入睡。母亲回忆说，不是谁要克林顿那样去做，而是克林顿常常抢着去做女佣该做的事情，"完全负起了责任"。有时令女佣感到非常为难。

女佣玛丽是一名笃信宗教的白人妇女，她对克林顿的优良品行和高度责任心十分赞叹，断定克林顿将来必成大器。她说自己很早就发现克林顿跟别的孩子不同。他对人友善、礼貌，而且有很强的责任心和领导力。学校中的一些小伙伴常常围着他转，他俨然是他们当中的"头"。回到家里，他不用别人督促，便会井井有条地把该干的事情干好。

克林顿之所以能够成为美国总统，主要得益于他在很小的时候就树立了独立自主的精神，凡事都试着自己去做。在西方世界中，青年人较强的自立意识十分值得我们学习。尊重个人价值、个人尊严是自立自强观念的核心。美国人的自立意识是生活方式中的最根本观念，是信奉个人主义。其含义是相信每个人都具有价值，都应按其本人的意愿和表现来对待和衡量。这种个人主义与自私自利不同，它表现在社会实践中，对个人独立性、创造性、负责精神和个人尊严的尊重。在家庭中，孩子应受到作为一个人所应受到的尊重。成年后，他们对自己的生活和前途有选择的权利和自由，从而对自己的遭遇，不论好坏都由自己负责。父母只能起"咨询作用"，不能为儿女代为安排个人的事宜。成年儿女一般都自立门户，独立生活。

在美国的一些大学生中，尽管父母有钱，也不愿仰仗他们。毕业后找不到合适的工作，用不上专业特长，宁可降格以求，大材小用，目的是要有工作，自己挣钱独立生活。

这些大学生中，自力更生、勤工俭学的占较大比例，"花花公子"式的是少数。学生在学校里"打工"，维护环境卫生等，收取一定报酬。他们并不以各种杂工为耻，都能尽职做好。因而美国的大学生当临时工的不少，他们养成了劳动习惯，增长了社会知识，还学会了某些技能，也解决了部分学习费用。

曾经有一本名为《20岁的年轻人必须尝试的50件事》的畅销书，书中阐述的一个观点是要求青年"在生活目标上做一个'不孝者'——你的一生不属于你的父母"。鼓吹的就是这种自立于世的意识。

"独立自主"已经成为美国等西方国家青少年教育的"传统"，在这种传统的教育下，这些国家的青年们都有较强的自立意识。美国有一位有名的富豪，为自己大学学成的孩子举办了毕业酒会。他举着一杯100美金的酒，对众人说："我今天真高兴，因为从现在起，他应该落到地面，自己走他的路了。"

这个富豪之子，只身到了纽约，租了一间小公寓，自己闯荡江湖。

23岁的他，再不要父母的呵护，不要父母的供应，而义无反顾地走自己的路，向着成功的阶梯攀登。

自立是青少年准备面向未来的重要素质，也是他们迈向成熟的第一步。在生存的道路上，自立是最开始的准备工作。

李刚是一个朝气蓬勃的男孩，13岁那年去日本留学，深深地体验了什么才是自立生存。

他一年多来的苦日子——边打工边读书早已成为习惯。学费和生活费都是靠他自己打工赚的。每天上完学校6小时的课后，就用接下来的8个小时去打工。洗盘子、工厂做工、发传单、送外卖、超市收银……

他一天工作8小时，一个星期工作6天。晚上赶完夜工，再去上学，上完学再去超市。学校的出勤率必须保持在90%以上，工作也很辛苦，他一天只能睡7个小时，夜工的时候就只能睡2小时。

"在日本我一天工作12个小时，到家倒在床上就睡着了，"李刚说，"在日本边打工边读书的这一年多，我才知道'累'字是怎么写的。"

在这段时期，李刚变了很多，最大的变化就是他已经养成了自立生活的习惯，也懂得为自己的行为负责了。他以前上学的时候，昏天黑地地玩，根本就是在混日子，但现在他对生活、对工作、对学习都认真多了。问他去日本最大的收获是什么，他说："对自己现在和未来的生活负责任。"

俗话说，"总在窝里的鹰永远也不会飞"，要做到自立自强，有时候就要对自己有一股"狠"劲儿，要逼着自己经历风吹雨打，哪怕冻得牙关紧咬；要扛起最重的担子，哪怕压得气喘吁吁。

王明是一位博士，他对"穷人的孩子早当家"这句话有着深刻的体会。王明幼时的家境不太好，因此，在他从小的时候，父母就教他洗衣、做饭，当时他很不开心。上初中时，母亲生病住院，父亲忙得不可开交，他就自己照顾自己，有时还能给父母做饭。从那以后，他知道了生活自理对一个青少年的重要。直到最终事业有成，他一直坚持自己的事自己做。

自立是生存的开始。如果我们要在生活中自立，就要养成自理的好习惯，自己能做好的事一定要靠自己的力量做好。因为我们迟早要独自面对这个社会。如果说长辈的呵护是一篓鲜嫩的鱼，那么自理就是一根鱼竿。鱼总有吃完的时候，你只有得到钓鱼的鱼竿，才能保证你未来的生活衣食无忧。

然而，在现在的青少年朋友中，具有自理能力的实在太少了。

一位北京某大学的新生，从小就被父母娇生惯养，考取大学后，因缺乏独立生活的能力而被迫离开梦寐以求的学府。

根据中国青少年研究中心"中国城市独生子女人格发展状况调查"显示，20.4%的青少年明确表示"缺少生活自理能力"；18.3%的青少年"做事依赖别人"；28%的青少年"很少帮助家长干活"。

国内有一位著名的青少年教育专家曾忧心忡忡地说，青少年在父母如此"周到"的服务、如此"严密"的保护中，自理行为大大减少，对成年人依赖性越来越强。很多青少年都将父母的呵护当作"拐杖"，可是没有想过，一旦离开了"拐杖"，自己就寸步难行。

青少年朋友将来面对的竞争，绝不仅仅是知识和智能的较量，而是综合能力的较量，没有自理的能力，你将在起跑线上就满盘皆输。因此，从小培养自己的自理能力，是每个杰出青少年必须具备的素质要求。

青少年可以通过以下几种途径培养自己的自理能力。

首先，要养成自理生活的意识。

我们缺乏培养自理能力的意识主要有两方面的原因：一方面是娇惯自己，不愿意"受苦"，怕自己不小心磕着或碰着。另一方面是父母怕麻烦，有些父母说：有教孩子做事情的那些时间，自己也就替他做好了。其余的事情包括力所能及的事都不用做。从而剥夺了他们生活自理的机会。

事实上，这种完全忽略自理能力培养的心态，既害了孩子，也害了父母。因此，强化培养自理能力的意识是很有必要的。

其次，要养成自己动手的习惯。

在训练自理能力的时候，除了训练自己管理自己的日常生活以外，还要特别强调训练自己学做家务。如让你自己做早点、洗袜子、拿牛奶、买东西等。同时，可以要求父母对你提出切合实际的要求并做具体的技术性指导，即使是洗手帕、洗碗碟或收拾房屋也要注意这一点。

最后，要正确地对待自己的错误。

有时候，由于年龄小，认识水平不高，考虑问题不周全，力气小，在做事的过程中，难免会出现一些失误。不要指责自己，更不能惩罚自己，对于有失误的地方，要分析原因，找到问题所在，以提高操作的技能和水平。这样，既能保护自己自理生活的自觉性、积极性，培养良好的心理品质；又能逐步走向成熟，不断提高自己的认识水平和生活自理能力。

如果你总是做得不好，也切不可性急，更不能灰心沮丧，自我否定。要以激励为主，肯定自己做得好的方面，在此基础上找出不足之处，从而为下一次避免失误找到方法。这样的方法，不仅可以锻炼自理能力，而且极大地增强了自信心，对促进身心发展将产生积极的作用。

扔掉依赖的拐杖

比尔·盖茨说："依赖的习惯，是阻止人走向成功的一个个绊脚石，要想成大事你必须把它们一个个踢开。只有靠自己取得的成功，才是真正的成功。"

香港巨富李嘉诚的两个儿子李泽钜和李泽楷在美国斯坦福大学毕业后，想在父亲的公司里干一番事业，但被李嘉诚果断地拒绝了："我的公司不需要你们！还是你们自己去打江山，让实践证明你们是否适合到我公司来任职。"

兄弟俩去了加拿大，一个搞地产开发，一个投资银行。他们克服了难以想象的困难，把公司和银行办得有声有色，成了商界出类拔萃的人物。李嘉诚的"冷酷无情"，把孩子逼上自立、自强之路，陶冶了他们勇敢坚毅、不屈不挠的人格和品性。

很多有识之士认为，把孩子放在可以依靠父亲或是可以指望帮助的地方是非常危险的做法。在一个可以触到底的浅水处是无法学会游泳的。而在一个很深的水域里，孩子会学得更快更好。当他无后路可退时，他就会安全地抵达河岸。

坐在健身房里让别人替我们练习，是永远无法增强自己的肌肉力量的；越俎代庖地给孩子们创造一个优越的环境，好让他们不必艰苦奋斗，也永远无法让他们独立自主，成为一个真正的成功者。

爱默生说："坐在舒适软垫上的人容易睡去。"

依靠他人，觉得总是会有人为我们做任何事所以不必努力，这种想法对发挥自助自立和艰苦奋斗精神是致命的障碍！

我们身边有不少人在观望等待，其中很多人不知道等的是什么，但他们在等某些东西。他们隐约觉得，会有什么东西降临，会有些好运气，或是会有什么机会发生，或是会有某个人帮他们，这样他们就可以在没受过教育、没有充足的准备和资金的情况下为自己获得一个开端，或是继续前进。

有些人是在等着从父亲、富有的叔叔或是某个远亲那里弄到钱。有些人是在等那个被称为"运气""发迹"的神秘东西来帮他们一把。

从来没有某个等候帮助、等着别人拉扯一把、等着别人的钱财，或是等着运气降临的人能够真正成就大事。只有自强、自立、自尊的人才能打开成功之门。

　　林肯总统有一个异姓兄弟名叫詹斯顿，他曾经是一个游手好闲、好吃懒做的人，经常写信向林肯借钱，林肯想了很多办法来教育他，下面是林肯写给詹斯顿的一封信：

亲爱的詹斯顿：

　　我想我现在不能答应你借钱的要求。每次我给你一点帮助，你就对我说，"我们现在可以相处得很好了。"但过不多久我发现你又没钱用了。你之所以这样，是因为你的行为上有缺点。这个缺点是什么，我想你是知道的。你不懒，但你毕竟是一个游手好闲的人。我怀疑自从上次见到你后，你是不是好好地劳动过一整天。你并不完全讨厌劳动，但你不肯多做。这仅仅是因为你觉得从劳动中得不到什么东西。

　　这种无所事事浪费时间的习惯正是整个困难之所在。这对你是有害的，对你的孩子们也是不利的。你必须改掉这个习惯。以后他们还有更长的生活道路，养成良好习惯对他们更重要。他们从一开始就保持勤劳，这要比他们从懒惰习惯中改正过来容易。

　　现在，你的生活需要用钱，我的建议是，你应该去劳动。全力以赴地劳动去赚取报酬。

　　让父亲和孩子们照管你家里的事——备种、耕作。你去做事，尽可能地多挣些钱，或者还清你欠的债。为了保证你劳动有一个合理的优厚报酬，我答应从今天起到明年5月1日，你用自己的劳动每挣一元钱或抵消一元钱的债务，我愿另外给你一元。

　　这样，如果你每月做工挣10元，就可以从我这儿再得到10元，那么你做工一月就净挣20元了。你可以明白，我并不是要你到圣·路易斯市或是到加利福尼亚的铅矿、金矿去，我是要你就在家乡卡斯镇附近做你能找到的有最优厚待遇的工作。

　　如果你愿意这样做，不久你就会还清债务，而且你会养成一个不再负债的好习惯，这岂不更好？反之，如果我现在帮你还清了债，你明年又会照旧背上一大笔债。你说你几乎可以为七八十元钱放弃你在天堂里的位置，那么你把你天堂里位置的价值看得太不值钱了，因为我相信如果你接受我的建议，工作四五个星期就能得到七八十元。你说如果我把钱借给你，你就把地抵押给我，如果你还不了钱，就把土地的所有权交给我——简直是胡说！如果你现在有土地还活不下去，你没有土地又怎么过活呢？你一直对我很好，我也并不想对你刻薄。相反，如果你接受我的忠告，你会发现它对你比 10 个 80 元还有价值。

你的哥哥

林肯

1848 年 12 月 24 日

一个人应当学会在社会中自立，不能太依赖别人的帮助。依靠别人的帮助维持生活只能满足你的一时之需，但真正要在社会中生存下去，还是要靠你自己的力量。

只会蜷伏在母亲翅膀下的雏鹰，充其量不过是只柔弱的"鸡"，而绝不会成为搏击万里云天、俯视苍茫大地的雄鹰。

青年人要勇于自强自立，不要仰仗父母的保护伞。要相信自己的能力，自己探出一条成才之路来。过多依附、仰赖，只能造就平庸孱弱、无所作为的凡夫俗子；过分温存、溺爱，只能消磨意志，磨平锐气，养育娇嫩的花朵。

在中国，几千年来，青年人依赖父辈的传统很顽固，自主意识淡薄。但是，历史上也不乏有鼓励子女自强自立的有识之士。清代画家郑板桥老年得子，却并不溺爱，而是力促他自立，要求他：

淌自己的汗，

吃自己的饭，

自己的事自己干。

靠天靠人靠祖宗，

不算是好汉。

在传统的意识中，人们崇尚出身门第，欣羡继承权，而自我创业的意识淡薄。在当今的社会里，应提供给后代以"工具箱"，而不是万贯家产。对于青年人，确立不依赖父母长辈，一切靠自己独立创业的自立意识，则是明智的；若是一切都仰仗父母，做蜷伏在先辈羽翼下的小鸡，是最没出息的。

摆脱一份依赖，你就多了一份自主，也就向自由的生活前进了一些，向成功的目标迈近了一步。

一位教育家曾为青少年摆脱依赖心理提出了以下几点建议：

（1）依赖自己，而不是依赖别人、依赖组织、依赖亲人。一切都靠自己去奋斗，去争取。只有一切依靠自己，才能获得真正的成功。

（2）消除身上的惰性。依赖心理产生的源泉，在于人的惰性。要消除依赖心理，先要消除身上的惰性。要消除惰性，就得锻炼自己的意志。处理事情的时候，要果敢上前，说做就做，该出手时就出手；还得有灵活的头脑，要善于思考，勤于思考。

（3）要有独立意识，要自己替自己做主。要自己替自己做主，就是要时时想到，只有自己的劳动所得的成果，才是真正属于自己的；只有享受自己的成果，才会有真正的快乐。

（4）要从小事做起，每天认真反思自己的思想，一步一个脚印地去做。任何事情都是这样，不可能一下子就能做成，需要慢慢地起步，一步步地积累，最后才能做成。这就像跳高一样，总需要先慢慢跑几步，然后再快速跑，最后才起跳。

控制了依赖心理之后，一个人才会找到自己的生活目标，找到生活的方向，靠自己获得事业的成功。

而只有靠自己取得的成功，才是真正的成功。

第二章

挺起脊梁做人：自尊的品质

自尊是促使一个人不断向上发展的原动力。自尊是自信的源头，一个人不尊重自己，就不能激发出内心的勇气和自信。当然，也不会取得什么大的成就。屠格涅夫说过，自尊自爱，作为一种力求完善的动力，是一切伟大事业的渊源。青少年只有尊重自己，才会珍惜和看重自己，才能够实现自己人生最大的价值。

自尊造就人生奇迹

河流是永远不会高出于其源头的。人生事业之成功，亦必有其源头，而这个源头，就是自尊与自信。不管你的天才怎样高，能力怎样大，教育程度怎样深，你事业上的成就，总不会高过你的自信。自信是成功的源头，自尊则是自信的源头，一个人不尊重自己，就不可能激发出内心的勇气和自信，当然也不会取得什么大的成就。

有一次，一个兵士从前线归来，将战报递呈给拿破仑。因为路上赶得太急促，所以他的坐骑，在还没有到达拿破仑那里时，就倒地气绝了。拿破仑立刻下一手谕，交给这兵士，叫他骑了自己的坐骑火速赶回前线。

这兵士看看那匹雄壮的坐骑及它宏丽的马鞍，不觉脱口说："不，将军，对于我一个平常的士兵，这坐骑太高贵、太好了！"

拿破仑回答说："对于一个法国的兵士，没有一件东西可以称为太高贵、太好了！"

在这世界上，有许多人，他们总以为别人所有的种种幸福是不属于他们的，以为他们是不配有的，以为他们不能与那些命运好的人相提并论。然而他们不明白，这样的自卑自抑、自己抹杀，将会大大减弱自己的生命，也同样会大大减少自己成功的机会。

自尊的人才能够自重和自爱，才能够获得别人的尊重，事实上，一个有尊严感的人，往往会有一个比较良好的社会形象。而没有自尊就不能称之为是一个正常的人、一个健康的人。因为人一旦没有了自尊心，无论在为人做事，还是道德情操或其他素质层面上，都可能出现偏差。

那么，什么是自尊呢？我们平常所说的自尊，就是尊重自己的人格、荣誉，不向别人卑躬屈膝，不容别人歧视侮辱，维护自己的尊严。自尊心是一个人成功的动力，如果一个人有了自尊心，那么他在学习和生活中就会总是力争上游，不达目的誓不罢休。

著名学者童第周在国外留学时，与他同住的俄国人皮诺挑衅地说："童先生，真辛苦呀，我一见你，就想到了你的国家、东亚病夫……"童第周拍案而起："不许你侮辱我的祖国！你可以代表你的国家，我就代表我的祖国，从明天起，看我们俩谁先取得学位！"四年之后，童第周通过自己的刻苦努力，也争了气，皮诺不得不佩服。

自尊心可以唤起一个人的责任感和成功的决心，它可以让一个无所事事、游手好闲的人，变成一个精神充实、对社会大有作为的人。

格林尼亚出生在法国沿海城市瑟尔堡，父亲是船舶制造厂老板。在父母的娇惯下，他成天吃喝玩乐，不思学习，成了有名的花花公子。21 岁那年，一天，在一个上流社会的宴会上，他邀请一位美丽女子跳舞时，没想到她却冷冷地拒绝说："请站得远一点，我最讨厌被像你这样的花花公子挡住视线！"这情景令他在大庭广众之下感到非常难堪，但也使他受到强烈的震动，他决心重新塑造自己。

他给父母留下了这样一封信："你们的儿子再也不做寄生虫了，他决心要做个精神充实、品格高尚、对社会有用的人……我相信自己将会创造出成就来。"

格林尼亚开始刻苦学习，他和从前的生活完全断交。终于考进里昂大学，1901 年以《格氏试剂》论文获得博士学位。

1912 年荣获诺贝尔化学奖后，他突然接到了一封信，信上只有一句话："我永远敬爱你。"这正是那位美丽女子——波多丽伯爵寄来的。这封信给了他更大的鼓舞。他一生发表论文上千篇，其数量几乎没有一个科学家可以相比。格林尼亚获得了诺贝尔奖，也获得了那位美丽女子的爱戴，这一切都和他的努力分不开。

通过这个故事让我们知道这样的道理，自尊能给人无比巨大的力量。格林尼亚就是一个很好的证明。一个有自尊心的人，就是知荣辱、明羞耻，爱惜自己名誉的人。有自尊心的人，必定有强烈的荣辱感。当他们做了好事会引以为荣，而一旦自己做错了事，即使没有被人发现，没有受到指责，也会深深自责，并感到羞耻。这种可贵的自尊心，乃是我们立世之本与做人之基。怕就怕一些人，明明做错了事，却不以为耻，反以为荣。我们常常看到一些人，在大庭广众之下，为一点小事破口大骂。他们以为这样做是战胜了别人，显出自己的本事，其实恰恰是丢尽了自己的脸，侮辱了了自己，这种不自尊的表现，更使别人看不起他。

有自尊心的人不甘落后，自觉主动地遵守纪律，努力学习，创造性地完成任务。可见自尊是一种多么可贵的情感，只要我们很好地利用它，就能丰富自己，提高自己，创造出卓越的人生。

用行动捍卫自己的尊严

尊严是一个人人格的基础，失去了尊严，我们就失去了做人的根本。因此，当我们的尊严受到侵犯时，千万不可姑息或忍让，要挺身而出，用行动捍卫自己的尊严。

冯玉祥年轻的时候，曾担任过常德镇守使。当时，他看到商店门口都挂着日本国旗，街头巷尾还张贴着日本兵舰"保境安民"的布告，就非常生气，马上下令把日本旗全部取下并撕毁，还派兵把守在常德城门口，用以维护治安。

有一天，从停在沅江的日本军舰上走下来几个日本兵，大摇大摆地想要进城。守城士兵要对他们进行检查，可是日本兵在中国境内放肆惯了，哪里肯接受检查。他们不但拒绝检查，而且还动手打了中国士兵一巴掌。中国士兵岂能受辱，当即端起刺刀与之搏斗，结果三名日本兵受伤走了。

驻常德日本居留民会会长高桥新二得到报告后，马上气势汹汹地找到冯玉祥，在他后面跟着的是日本军舰长，他们一脸的杀气。高桥新二首先表示了"气愤"，随后日军舰长挺着胸脯，粗声粗气地说道："镇守使先生，我们大日本海兵是绝不能受此侮辱的！"

冯玉祥对此早有准备，因此他不慌不忙地说："关于这件事嘛，我刚才已经接到报告了。"

高桥新二说："既然如此，镇守使应该马上对此事作出处理决定！"

"那么，你们看应该怎么处理才合适呢？"冯玉祥问。

高桥新二说："先把行凶的士兵给监禁起来，然后再谈别的。"

冯玉祥问："那你的根据是什么？"

"按照第222条规定，应该对凶犯进行监禁。"日军舰长马上从腰里掏出一个小册子来，并熟练地翻到已做好记号的一页说。

冯玉祥一听，便问高桥新二："请问你手中拿的是本什么书？"

高桥新二回答："是《日本海陆军刑法》。"

冯玉祥听了，眼睛立即瞪圆了，浓眉都立了起来，只见他抬起脚，把鞋脱了下来，马上就又站了起来。

高桥新二见情势不妙，赶紧问道："冯先生，你这是想干什么？"

冯玉祥非常愤怒地说："你给我告诉他，他要再这样说，我就要用鞋底抽他的嘴巴！""这是为什么？"高桥新二神情慌张地问。

"他这是用你们的日本军法来判处我们的士兵，这显然是在侮辱我中华民族，我当然是想要用鞋底来教训教训他！"

日军舰长一听，脸色顿时变了，慌忙把小册子收了起来，问："照您的意思，应该怎么处治呢？"

冯玉祥停顿了一下，非常严肃地说道："我们是中国的军队，我有我们中国的军法。""那按照你们的军法应该怎么办？"两个日本人紧追不舍。

冯玉祥表情严肃地说："士兵担负着维持地方治安的责任，有权对任何进城的人进行检查。若对方拒绝接受检查，即可当作匪徒处理。我们的士兵因为忠实地执行命令，打伤匪徒，我要对他们给予大大地奖赏。这就是我们的军法处治办法。"

"冯旅长，"高桥新二用威胁的口气说道，"你这是存心不打算跟我们和解，那我们也没别的办法，只有向我们的天皇报告，然后直接同你们的段总理进行交涉。到那时，你可不要后悔啊。"

"哼哼，"冯玉祥冷冷一笑，"我冯某人已经通电全国，就是为了反对段总理，你难道还不知道吗？你快去叫他来惩处我就是了！我冯某只知真理，只知中国人的自尊自爱，此外没什么可怕的了！"

话讲到这里，高桥新二和日军舰长的骄横气焰立即被打了下去，他们只得强作笑脸，一连鞠了好几个躬，请求冯玉祥息怒，然后灰溜溜地离开了。

尊严重于一切。作为一名爱国志士，冯玉祥用行为捍卫了中华民族的尊严，这个故事便为我们带来了这样一个重要的启示：对于一些侵犯我们尊严的行为我们一定不可姑息，一定要拿出实际的行动，用行动来捍卫自己的尊严。

史密斯博士是一位多才多艺的人。有一天，他和几位贵妇人乘坐游艇，泛舟泰晤士河上。他吹着萨克斯，尽量逗那些贵妇人快活。这时，游艇后不太远的地方，有只被军官们占用的船。史密斯博士看到那只军官船向游艇靠近时，就不吹萨克斯了。于是军官当中有人问他，为什么他要把萨克斯收进口袋里不吹了。

"我把萨克斯放进口袋里，正如我把它从口袋里拿出来一样，都是为了使自己高兴。"史密斯博士回答说。

那位军官怒气冲冲地威胁说，要是他不立刻把他的萨克斯再掏出来吹，那就不客气了，要把他扔进河里。史密斯博士怕吓着那些贵妇人，便忍气吞声地拿出他的萨克斯来。只要对方的船还在河上，他就一个劲儿地直吹。

　　傍晚时分了，他看到那个曾经对他如此粗暴无礼的军官，独自一人正在伦敦附近一个偏僻的地方走着，便朝那军官走去，冷冰冰地说：

　　"今天，我是为了使我的同伴和你的同伴避免陷入烦恼，才服从你那傲慢的命令的，现在为了使你真正相信，一个普普通通的人，也会像一个披着军服的人那样有勇气。明天一早，就在此地，希望你能来，我们就干一场吧，但是不要有别人在场。决斗只在我们之间进行。"

　　史密斯博士进一步决定，他们之间的矛盾，只能靠手中的剑来解决。那个军官同意了这些条件。

　　第二天早晨，这两个决斗者在约好的时间里，在指定的地方碰面了。军官正站在准备决斗的位置上。就在这个时候，史密斯博士举枪瞄准了他。

　　"干什么？"军官说，"你想暗杀我吗？"

　　"不是的！"史密斯博士说，"不过，你得在这儿跳一分钟的舞。否则，你就会是一个死人了。"

　　接着是一场小小的争执。可是史密斯博士似乎是如此的暴怒，如此的坚决，军官只好被迫屈服了。

　　当他跳完舞的时候，史密斯博士说：

　　"昨天，你违反我的意愿，逼着我吹萨克斯；今天，我违反你的意愿，强迫你跳舞。现在，我们两人的事儿都以游乐的方式来了结了。"

　　当然，举这个例子并不是主张我们对于别人的冒犯要以牙还牙，而是说要勇敢地拿出行动来，只有通过行动才能捍卫住自己的尊严。

　　英国著名诗人拜伦从小跛足，体质虚弱。他刚进小学时，常常受同学欺侮。一次，他在球场旁站着看别人打球。一个叫汉斯的顽皮同学故意拉他上场。拜伦一再推脱，汉斯仍不放过他，而且还找来个竹篮子，强迫拜伦将一只脚放进去，"穿"着这只篮子一瘸一拐地绕场一周。在场的同学笑得前仰后合。拜伦内心痛苦极了。

　　事后，他想了很久：汉斯如此放肆地欺侮我，就是因为我软弱无能。我为什么不可以强壮起来呢？从此，他开始刻苦锻炼身体，每天都利用课余时间参加打球、游泳、拳击、击剑等各种运动。不久，学校举行运动会，他报了拳击和游泳两个项目。在拳击比赛中，他恰好和汉斯分在一组。笛声一响，两人激烈地争斗起来。

人们都以为拜伦注定要败在身强力壮的汉斯手下。谁知，经过一番较量，汉斯体力渐渐不支，拜伦却毫无倦意，越打越猛。只听"噗"的一声，汉斯被打翻在地。观众台上发出一片惊呼声。拳击比赛刚刚结束，拜伦又参加了游泳比赛。他虽然脚跛，但动作十分有力。最后，他出人意料地又夺得了全校游泳冠军。

拜伦的故事告诉我们，一味地退让并不能为自己赢回尊严，只有拿出行动，使自己变得强大，才能够为自己赢得尊严。

第三章

吾日三省吾身：自省的品质

　　人生本来就是一个不断实验、充满错误的过程。一个善于自省的人能够不断总结自己的行为，在错误中学习和成长。在一个人成长的过程中，经验的作用是无价的，只有经验才是真正的价值之源。一个人的经验可以借助于他的反省变成能力，变成成绩，变成财富。如果你真的能够做到经常反省自己，你的人格就会得到不断的完善，也会得到最大限度的发挥。

自省的人才会有进步

一个人之所以能够不断地进步，在于他能够不断地自我反省，找到自己的缺点或者做得不好的地方，然后不断改正，以追求完美的态度去做事，从而取得一个又一个的成功。

英国著名小说家狄更斯的作品是非常出色的。但是，他对自己有一个规定，那就是没有认真检查过的内容，绝不轻易地读给公众听。每天，狄更斯会把写好的内容读一遍，去发现问题，然后不断改正，直到六个月后读给公众听。

与此相同的是，法国小说家巴尔扎克也会在写完小说后，花上一段时间不断修改，直到最后定稿。这一过程往往需要花费几个月甚至几年的时间。正是这种不断自我反省、自我修正的态度，让这两位作家取得了非凡的成就。

中国著名的学者曾子说："我每天多次自我反省：为别人办事是不是尽心竭力了？和朋友交往是不是做到诚实了？老师传授的学业是不是复习了？"孔子认为曾子能够继承自己的事业，所以特别注重传授学业于他。

富兰克林是美国著名的科学家、物理学家和社会活动家，他的一生在很多领域都作出了杰出的成就，不仅发明过双焦距透镜，而且还参与起草了美国《独立宣言》。除了他的天才和勤奋之外，从《富兰克林自传》中我们还了解到他成功的另一个秘诀："一日三省吾身"的自我激励。他依靠每天反省自己是否做到了13种道德标准，从而暗示自己、提醒自己、告诫自己、激励自己，不断地向成功人生努力。这对于我们现代人的成长仍然有很积极的启示。

富兰克林所列举的13种品德以及他给每种品德所注的箴言（自我

暗示）如下：

（1）节制——食不过饱，饮酒不醉。

（2）寡言——言必于人于己有益，避免无益的聊天。

（3）生活有序——置物有定位，做事有定时。

（4）决心——当做必做，决心要做的事应坚持不懈。

（5）俭朴——用钱必须于人或于己有益，换言之，切戒浪费。

（6）勤勉——不浪费时间，每时每刻做些有用的事，戒掉一切不必要的行动。

（7）诚恳——不欺骗别人，思想要纯洁公正，说话也要如此。

（8）公正——不做损人利己的事，不要忘记履行对人有益而又是你应尽的义务。

（9）适度、避免极端——人若给你应得的处罚，你应当容忍。

（10）清洁——身体、衣服和住所力求清洁。

（11）镇静——勿因小事或普通的不可避免的事故而惊慌失措。

（12）贞节——克制自己的欲望，珍惜自己的身体，不过于放纵自己。

（13）谦虚——仿效耶稣和苏格拉底。

富兰克林将上述13种品德写在了一个笔记本上，并制成一个小册子，每日都要对着小册子逐条反省自己的行为。他在自己的自传中提到了这种方法，他写道：我的目的是养成所有这些美德的习惯。我认为还是不要立刻全面地去尝试，以致分散注意力，最好在一个时期内集中精力掌握其中的一种美德。当我掌握了那种美德以后，接着就开始注意另外一种，这样下去，直到我掌握了13种为止。因为先获得的一些美德可以便利其他美德的培养，所以我就按照这个主张把它们像上面的次序排列起来……

富兰克林的经验告诉我们，自省可以帮助一个人取得进步。经验可以变成商品、变成钱财、变成货币，经验是价值之源。然而只有记录下来的经验，经过认真思索沉淀的经验，才能将它们转变为有价值的东西。一个人命运上的差别不是由他们的遭遇决定的，而是由他们对待遭遇的态度决定的。为了能做一些对生活有益的事，我们必须从遭遇中汲取有价值的信息。

理想的反省时间是在一段重要时期结束之后，如周末、月末、年末。在一周之末用几个小时去思索一下过去7天中出现的事情。月末要用一天的时间去思索过去一个月中出现的事情，年终要用一周的时间去审视、思索、反省生活中遇到的每一件事。

自我反省的时间越勤越有利。假如你一年反省一次，你一年才知道优缺点，才知道自己做对了什么，做错了什么。假如你一个月反省一次，你一年就有了12次反省机会。假如你一周反省一次，你一年就有54次反省机会。假如你一天反省一次，你一年就有365次反省机会。反省的次数越多，犯错的机会就越少。

自我反省能让自己知道明天应该做什么，应该如何去做，可以让自己不再盲目地生活。

那么，我们该反省什么呢？

（1）人际关系。你今天有没有做不利于人际关系的事？在与某人的争执中你是否也存在不对的地方？对某人说的那句话是否得体？某人对你不友善是否有什么特殊意义？

（2）做事的方法。今天所做的事，处理是否恰当？是否有不妥之处？怎样做才会更好？有没有补救措施？

（3）生命的进程。反省到目前为止，你做了些什么事，有无进步？时间有无浪费？目标完成了多少？

反省的目的在于：

（1）可以修正自己的言行和方向。

（2）借修正来使自己进步。

如果你真的做到了经常反省自己，相信你的人格会不断得到完善，才能会得到最大限度的发挥，成功也就离你不远了。

在错误中学习和成长

　　错误本身并不可怕，可怕的是错误没有价值。一个人虽然犯了点小错误，但如果他能够总结失败的教训，并不再犯同类的错误，那么错误对他来说比成功更重要。

　　1958 年，弗兰克·康纳利在自家杂货店对面经营了一家比萨饼屋，筹措他的大学学费。19 年之后，康纳利卖掉 3100 家连锁店，总值 3 亿美元。他的连锁店叫作必胜客。

　　对于其他也想创业的人，康纳利给他们的忠告很奇怪："你必须学习失败。"他的解释是这样的："我做过的行业不下 50 种，而这中间大约有 15 种做得还算不错，那表示我大约有 30% 的成功率。可是你总是要出击，而且在你失败之后更要出击。你根本不能确定你什么时候会成功，所以你必须先学会失败。"

　　康纳利说必胜客的成功必须归因于他从错误中学得的经验。在俄克拉荷马的分店失败之后，他知道了选择地点和店面装潢的重要性。在纽约的销售失败之后，他做出了另一种硬度的比萨饼。当地方风味的比萨饼在市场出现后，他又向大众介绍芝加哥风味的比萨饼。

　　康纳利失败过无数次，可是他把失败的经验变成成功的基础。这就是积极思考的力量。如果你也能善用失败的经验，把它们化作成功的踏脚石，登峰之处又何愁高不可攀呢？

　　伟大的汽车发明奇才吉德林曾说："发明家几乎随时都会失败！"他强调发明家难免失败，因为他自己便尝过上千次的失败！失败难免，重要的是从失败中吸取教训，从失败中长经验。

　　如果因为失败就觉得无脸见人，不敢再尝试，那么，就注定没有出头的机会了。由于碰过几次壁便裹足不前的人，也同样难和成功结上缘分。

其实，失败并不等于毫无所得，失败能让你知道什么是行不通的；失败的经验越多，知道失败的原因也越多。屡试屡败之后获得成功的人，不但学到了行不通的道理，同时也学会了行得通的方法！

所谓吃一堑，长一智。一败再败的人，又怎能不智慧过人呢？难怪许多成功的人物经过成百上千次的失败后，利用失败教育自己，结果成为举世闻名的聪明人！

有一句成语叫老马识途，就包含了这个道理，正因为老马走过无数的路，经过无数的坎坷，才能在每个坎坷之上留下心底的记号，下一次从此经过时，便可以一跃而过，才能识途！

从前，在一片深山老林里，有一座"神仙居"位于山顶。一天，一个年轻人从很远的地方来求见"神仙居"居主，想拜他为师，修得正果。年轻人进了深山老林，走啊走，走了很久。他犯难了，路的前方有三条岔路通向不同的地方。年轻人不知道哪一条路通向山顶。忽然，年轻人看见路旁一个老人在睡觉，于是走上前去，叫醒老人家，询问通向山顶的路。老人睡眼蒙眬嘟哝了一句"左边"又睡过去了。年轻人便从左边那条小路往山顶走去。走了很久，路突然消失在一片树林中，年轻人只好原路返回。回到三岔路口，老人家还在睡觉。年轻人又上前问路。老人家舒舒服服地伸了个懒腰，说："左边。"就不理他了。年轻人正要分辩，转念一想，也许老人家是从下山角度来讲的"左边"。于是，他又拣了右边那条路往山上走去。走啊走，走了很久，眼前的路又消失了，只有一片树林。年轻人只好原路返回。回到三岔路口，见老人家又睡过去了，不由得气涌上来。他上前推了推老人家，把他叫醒，问道："你一大把年纪了何苦来骗我，左边的路我走了，右边的路我也走了，都不能通向山顶，到底哪条路可以去山顶？"老人家笑眯眯地回答："左边的路不通，右边的路不通，你说哪条路通呢？这么简单的问题还用问吗？"年轻人这才明白过来，应该走中间那条路。但他总想不明白老人家为什么总说"左边"。带着一肚子的疑惑，年轻人来到了"神仙居"。他虔诚地跪下磕头，居主笑眯眯地看着他，那神态仿佛山下三岔路口那老人家，年轻人使劲地揉了揉眼睛……

没错，这位老人家就是神仙居的居主。这个故事虽然简单却内涵丰富，它包含着几个重要的人生道理，一是年轻人走完左边的路和右边的路之后，都失败了，无疑是中间那条路通向山顶，他连这都不明白，还要去问老人家，经老人家一点才明白过来，说明人经过失败后，由于受情绪影响，连很简单的问题都弄不明白；二是只有走过左边和右边的路之后才知道这两条路不通山顶，说明凡事要亲身经历才知道可行不可行；三是年轻人在走过左边和右边的路之后，不会再第二次走那两条路了，说明人不会轻易犯同样的错误，他已经向正确的方向迈进了一步。

有人曾经根据能否有效利用错误的价值把人分为四类。第一类人不能从失败中吸取教训，总是犯相同的错误。这样的人不可救药。第二类人虽然能够从错误中吸取教训，不犯相同的错误，但由于不能从失败中发现规律性的东西，所以总是犯不同的错误。这样的人也难以救药。第三类人能够总结自身错误的教训和规律，算得上是聪明人。但由于只能从自身的失败中进行总结，所以虽然不犯自身相同的错误，但总是犯别人犯过的错误。这类人比第二类人又高出一筹。第四类人既不犯自己犯过的错误，又不犯别人犯过的错误。凡是别人的经验，也成为他的经验；凡是别人的教训，也成为他的教训。只有第四类人才是最善于利用失败价值的。

一个从不犯错误的人是懦夫，一个总是犯错误的人是傻子。青少年要拥有成功的人生就要学会在失败和错误中学习成长。在这里有几条从错误中学习的方法可以供你参考：

（1）诚恳而客观地审视周遭情势。不要归咎别人，而应反求诸己。

（2）分析失败的过程和原因。重拟计划，采取必要措施，以求改正。

（3）在重做尝试之前，想象自己圆满地处理工作或妥善地应付客户的情景。

（4）把足以打击自信心的失败记忆——埋藏起来。它们现在已经变成你未来成功的肥料了。

（5）重新出发。

（6）一个希望从错误中学习并期待成功的人，可能必须反复实践以上步骤，然后才能如愿达成目标。重要的是每尝试一次，你就能够增加一次收获，并向目标更前进一步。

第四章

敬人者，人恒敬之：尊重他人的品质

　　一个人只有懂得尊重别人，才能够赢得别人的尊重。尊重他人，是一个人走向文明的起点。同时，也是社会文明进步的要求。在这个社会中，人与人之间是应当互相尊重的，每个人只有懂得相互尊重、相互关心，才能够愉快地生活在一起。作为未来社会的建设者，青少年应当恪守礼仪，养成尊重别人的习惯，只有这样才能构建一个和谐的社会氛围，为社会的发展贡献出更大的力量。

敬人者，人恒敬之

尊重他人，是一个人走向文明的起点。尊重他人是做人的基本美德。一切不文明的行为都是不尊重他人的表现。我们中国号称礼仪之邦，恪守着：推己及人，己所不欲，勿施于人，敬人者人恒敬之，爱人者人恒爱之等一系列古训。

将心比心，凡事不仅要为自己想，也要为别人着想；你有自尊，人家也有；你尊重别人、爱护别人，别人才会尊重你、爱护你。

也许你曾遇见过或者听说过，有人问路时言语不礼貌，人家就会不理睬，甚至故意错指方向让他吃苦头；和人家一起办事情，如果傲慢无礼，人家就不会合作。我们每个人都有自尊心，都希望别人友好地对待自己、尊重自己，因此，尊重他人是人与人接近的必要且首要的态度。一个不懂得尊重别人的人当然也不会赢得别人的尊重。

有一天，一位中年妇女领着一个小男孩走进了一座豪华的写字楼下面的花园里，并在一张长椅上坐下来。这座写字楼是一个知名国际集团的总部。而这位中年妇女就是这家公司的一名主管人员。她不停地在跟男孩说着什么，似乎很生气的样子。不远处有一位头发花白的老人正在修剪灌木。

忽然，中年妇女从随身挎包里揪出一团白花花的卫生纸，一甩手将它抛到老人刚剪过的灌木上。老人诧异地转过头朝中年妇女看了一眼。中年妇女也满不在乎地看着他。老人什么话也没有说，走过去拿起那团纸扔进一旁装垃圾的筐子里。

过了一会儿，中年妇女又揪出一团卫生纸扔了过来。老人再次走过去把那团纸拾起来扔到筐子里，然后回原处继续工作。可是，老人刚拿起剪刀，第三团卫生纸又落在了他眼前的灌木上……就这样，老人一连捡了那中年妇女扔的六七团纸，但他始终没有因此露出不满和厌烦的神色。

"你看见了吧！"中年妇女指了指修剪灌木的老人对男孩说，"我希望你明白，你如果现在不好好上学，将来就跟他一样没出息，只能做这些卑微低贱的工作！"

老人放下剪刀走过来，对中年妇女说："夫人，这里是集团的私家花园，按规定只有集团员工才能进来。"

"那当然，我是集团所属一家公司的部门经理，就在这座大厦里工作！"中年妇女高傲地说着，同时掏出一张证件朝老人晃了晃。

"我能借你的手机用一下吗？"老人沉吟了一下说。

中年妇女极不情愿地把手机递给老人，同时又不失时机地开导儿子："你看这些穷人，这么大年纪了连手机也买不起。你今后一定要努力啊！"

老人打完电话后把手机还给了妇人。很快一名男子匆匆走过来，恭恭敬敬地站在老人面前。老人对那个男子说："我现在提议免去这位女士在集团的职务！"

"是，我立刻按您的指示去办！"那个男子连声应道。

老人吩咐完后径直朝小男孩走去，他用手抚了抚男孩的头，意味深长地说："我希望你明白，在这世界上最重要的是，要学会尊重每一个人……"说完，老人撇下三人缓缓而去。

中年妇女被眼前骤然发生的事情惊呆了。她认识那个男子，他是集团主管任免各级员工的一个高级职员。"你……你怎么会对这个老园丁那么尊敬呢？"她大惑不解地问。

"你说什么？老园丁？他是集团总裁詹姆斯先生！"

"啊，他是总裁？！"

中年妇女一下子瘫坐在长椅上。

尊重他人，除了要平等待人之外，还要尊重他人的职业。而这位中年妇女虽然身为一个国际集团的主管，却不懂得这个道理，结果吃亏的还是她自己。

有这么一则小故事，读来耐人寻味。有一个人经过热闹的火车站，看到一个双腿残障的人摆设铅笔小摊，他漫不经心地丢下了 100 元，当作施舍。但是走了不久，这人又回来了，他抱歉地对这位残疾人说："不好意思，你是一个生意人，我竟把你当成一个乞丐。"过了一段时间，他再次经过火车站，一个店家的老板在门口微笑喊住他。"我一直期待你的出现，"那个残疾人说，"你是第一个把我当成生意人看待的人，你看，我现在算是一个真正的生意人了。"

由此可见，尊重他人能给人带来意想不到的惊喜。尊重他人的职业尊严，既是一种对他人劳动价值的肯定，促使他人更加热爱自己的职业，更好地为社会服务；也是一种对自己的约束和鞭策，促使自己把工作做好，以报答别人为自己付出的劳动。所以，对于别人从事的职业，我们都要投去理解的目光，对于别人为自己付出的劳动，都要深情地道一声"谢谢"，这样才能使我们的生活更加和谐、更加温馨。

周恩来同志为新中国的第一任总理，官不可谓不大，权不可谓不重，但他对身边每一个工作人员都十分尊重。他对别人为自己付出的哪怕是微小的劳动都非常尊重。服务员给他端茶倒水，他总是放下手中的工作，站起来双手接过去，或者是微笑着向服务员点头表示谢意。周总理外出视察工作，每当要离开一个地方的时候，总是亲自和服务员、厨师、警卫员和医护人员一一握手，亲切地对大家说："辛苦了，谢谢你们！"并和大家一起合影留念。更感人的是周总理在弥留之际，仍不忘向守护在他身边的医护人员致谢。

尊重他人是给自己的礼遇，尊重他人也就是尊重自己。一个不尊重别人的人，是绝不会得到别人尊重的。在人与人之间的交往中，自己待人的态度往往决定了别人对我们的态度，就像一个人站在镜子前笑得前俯后仰，镜子里的人也会如此般大笑；你紧皱眉头，镜子里的人也眉心紧锁；你对着镜子大喊大叫，镜子里的人也冲你大喊大叫。所以，我们要获取他人的好感和尊重，首先必须尊重他人。

有位富翁十分有钱，却得不到旁人的尊重，他为此苦恼不已，每日寻思如何才能得到众人的敬仰。

某天在街上散步时，他看到街边一个衣衫褴褛的乞丐，心想机会来了，便在乞丐的破碗中丢下一枚亮晶晶的金币。谁知乞丐头也不抬地仍是忙着捉虱子，富翁不由得生气道："你眼睛瞎了？没看到我给你的是金币吗？"

乞丐仍是不看他一眼，答道："给不给是你的事，不高兴可以要回去。"

富翁大怒，意气用事起来，又丢了10个金币在乞丐的碗中，心想他这次一定会趴着向自己道谢。却不料乞丐仍是不理不睬。

富翁几乎要跳了起来："我给你10个金币，你看清楚，我是有钱人，好歹你也尊重我一下，道个谢你都不会。"

乞丐懒洋洋地回答："有钱是你的事，尊不尊重你则是我的事，这是强求不来的。"

富翁急了："那么，我将我的财产的一半送给你，能不能请你尊重我呢？"

乞丐翻着一双白眼看他："给我一半财产，那我不是和你一样有钱了吗？为什么要我尊重你？"

富翁更急起来道："好，我将所有的财产都给你，这下你可愿意尊重我了？"

乞丐大笑："你将财产都给我，那你就成了乞丐，而我成了富翁，我凭什么来尊重你。"

故事中的富翁有钱后，亟须别人的肯定与尊重，而乞丐的顽强，则更是清楚地说明了金钱与尊重在许多时候是难以画上等号的。

富翁若能明了这一点，要受人尊重也就不难了。

生活中时时刻刻都需要我们学会尊重。回到家时与父母长辈打声招呼是一种起码的尊重；上课专心听讲，按时完成作业是对老师辛勤劳动的尊重；在食堂就餐后，把椅子、餐具放好是对食堂师傅的尊重；

饭后按时睡觉是对同学的尊重；见到杂物捡起来，保持校园环境的干净，是对同学劳动成果的尊重；对职位高者不卑躬屈膝是对自己人格尊重；对职位卑者不嗤之以鼻是对他人人格的尊重……

总之，尊重需要我们从小事做起，从身边做起。在日常的生活中我们要学会尊重别人，才能够赢得尊重。

平等待人，消除歧视和偏见

美国总统克林顿在自传扉页中写道：人生而平等，我们应该尊重每一个人，即使是那些被别人轻视的人，尊重别人就是尊重自己。人与人之间是平等的，大家只有相互尊重、相互关心，才能愉快地生活在一起。

17世纪，西班牙有一个著名的画家，名字叫穆律罗。他有很多的奴仆，其中有一名叫塞伯斯蒂的青年人对绘画有一种与生俱来的热爱。每当穆律罗给学生上课时，塞伯斯蒂就在一旁偷偷观摩。

一天晚上，塞伯斯蒂一时兴起竟然在主人的画室里画起画来，以至于第二天早晨穆律罗和一群贵族朋友出现时，他都没有发现。穆律罗并没有惊动塞伯斯蒂，而是静静地望着他笔下优美的线条出神。塞伯斯蒂画完最后一笔，才发现身后的主人，他慌忙跪下，恳求主人饶恕。在那个等级森严的年代里，塞伯斯蒂是可以因此而被主人处死的。

这件事马上成了贵族们津津乐道的话题，就在他们纷纷猜测穆律罗会以何种方式严惩他的奴仆时，却听到了一个令人震惊的消息：穆律罗不仅给了塞伯斯蒂自由，而且要收他为徒。

这是当时的贵族们绝不允许的，他们开始疏远穆律罗，也不再去买他的画，人们都说穆律罗是个十足的傻瓜。

穆律罗对此却不以为然，他只是一笑：那些傻瓜怎能明白，塞伯斯蒂将会是我穆律罗最大的骄傲！

事实果如穆律罗所言，在今天意大利的艺术馆藏中，塞伯斯蒂的作品与他恩师穆律罗的名画被摆在同等重要的位置，而且都价值连城。人们只要提到塞伯斯蒂，一定要提到穆律罗的名字。

穆律罗的伟大在于他尊重塞伯斯蒂的才华，消除了个人的歧视和偏见。尊重他人的前提就是要平等待人，真正懂得尊重别人的人，无论遇到什么样的人都会平等对待。

罗彻斯特是美国费城一家酒吧的老板，他有一家名为"罗彻斯特"的酒吧。酒吧的面积不大，只有30平方米，但它声名远扬。

有一天，他接到一个电话，那人用十分委婉的口气和他商量说："我有10个随从，他们将和我一起前往你的酒吧。为了方便，你能谢绝其他顾客吗？"

罗彻斯特毫不犹豫地说："我欢迎你们来，但要谢绝其他顾客，这不可能。"

打电话的不是别人，是美国国务卿基辛格博士。他刚好办事经过此地，在别人的推荐下，才打算到"罗彻斯特"酒吧的。

基辛格最后坦言告诉他："我是美国国务卿，我希望你能考虑一下我的要求。"罗彻斯特礼貌地对他说："先生，您愿意光临本店我深感荣幸，但是，因您的缘故而将其他人拒之门外，我无论如何也办不到。"

基辛格博士听后，摔掉了手中的电话。

第二天傍晚，罗彻斯特又接到了基辛格的电话。首先他对昨天的失礼表示歉意，说明天只打算带三个人来，只订一桌，并且不必谢绝其他客人。

罗彻斯特说："非常感谢您，但是我还是无法满足您的要求。"

基辛格很意外，问："为什么？"

"对不起，先生，明天是星期六，本店休息。"

"可是，后天我就要离开这个地方了，您能否破例一次呢？"

罗彻斯特很诚恳地说："不行，我是犹太人，您该知道，礼拜六是个神圣的日子，如果经营，那是对神的玷污。"

基辛格无言以对，他只好无奈地离开了费城。一直也没能在当地享受这家小酒吧的服务。

这家小酒吧曾连续多年被美国《新闻周刊》列入世界最佳酒吧前15名。一个只有30平方米的小酒吧，竟能享受如此之高的美誉，的确令人惊讶。这家酒吧之所以能够远近闻名，和它这种平等待人的经营之道是分不开的。不仅在经营上，在为人处世上我们也应当坚持平等待人的原则。比如，在交往中，如果你能以平等的姿态与人沟通，对方会觉得受到尊重，而对你产生好感；相反的，如果你自觉高人一等，对方会感到自尊受到了伤害而拒绝与你交往。在某高校，曾发生过这样一件事，一名车主在校园里驾驶自己的宝马车时将一名女博士撞倒在地。按理说，把别人撞伤了，应该赔礼道歉才是。而面对受伤者提出的仅有的道歉要求，车主却蛮横无理，财大气粗，拒绝道歉，甚至在当事人报警后，车主妄图通过金钱来解决问题，让大家义愤填膺。在生活中，类似于"宝马车主"凭借财富和权力而骄横跋扈的大有人在，但他们大都得不到他人的尊敬，无法获得纯洁的友情和他人的真心帮助，往往自己内心感到孤独和寂寞。尊重他人是中华民族的传统美德，关系到个人的修养和品德。如果一个人连尊重他人都做不到的话，即使他金山银海、学富五车，在生活和工作上也会处处碰壁，无法顺利进展。只有平等待人、尊重他人，才能获得更多的合作伙伴，实现自我的价值。

周文王是商末诸侯之首，他是一个很有心计、很善于招纳人才的君主。为了做好兴周灭商的准备，他在政治上广泛收罗人才，礼贤下士。他为了得到一个理想的驰骋天下、总揽全局的帅才，日思夜想。有一天晚上，他做了一个梦，梦见自己到天帝面前去求人才，天帝没有说话，却从其身后窜出一只带翅膀的黑熊，此物十分威武精神，连飞带跑地到了他的面前，向他侃侃而谈兴国之道、治国之策。

　　第二天，文王决定要到郊外去打猎，便让人占卜一卦，看看此行是否会有收获，这些卜人知道文王求贤若渴，占卜前就听到文王谈起他昨晚的梦，便高兴地对文王说："此次兆头很好，打猎必有收获。"

　　周族位于离渭水不远的地方，文王等人信步走到溪边，看见一个老人端坐在潭边垂钓，此人长须飘拂，仪态安详怡然，文王见此人形象和梦里的飞熊形象有许多相似之处，见他一本正经，目不斜视地垂钓，走到近旁也不敢惊动。

　　过了一会儿，老人把鱼竿向上一提，没见提上鱼来，却见尾端系着一个直钩，文王情不自禁地说："直钩钓鱼能钓上来吗?"老人慢条斯理地说："我做事从不强求，愿者上钩嘛。"

　　文王见此人见识不凡，便上前深施一礼，并问起他的姓名。在交谈中文王才知道他姓姜名尚，又名牙，人称姜子牙。此人曾在商都朝歌屠牛卖肉，又在各处卖酒，一直贫困潦倒，连妻子也离他而去另嫁他人，年过花甲仍无用武之地。

　　他听说文王礼贤下士，就来投奔。但无人引见，只好天天在渭水边钓鱼，等待时机，他与文王一番谈话很有见地。文王丝毫不因为他的贫贱而产生傲慢心理，他说："当年我的先祖太公曾说过，将来一定会有圣人来到我们这里，帮助我们兴旺发达起来。先生恐怕就是那位圣人吧？从我们太公起，到先父，到我，盼望您很久了。"

　　于是姜子牙随文王回国都，尽心辅佐周文王和周武王。而因为文王渭水屈身访贤，传遍全国，许多有本事的人知道文王礼贤下士，纷纷前来归附。文王对所有贤士都很恭敬、信赖，不讲地位、身份、贵贱，使众谋士鞠躬尽瘁忠心辅助文王。而姜子牙也是率领着千军万马，打败殷纣王，建立了周朝。

　　平等待人，别人才愿意接纳你，你才能够赢得别人的尊重和团结。如果你总是以居高临下的姿态去对待别人，你就会失去很多愿意和你做朋友的人。

第五章

忠于内心的使命感：忠诚的品质

忠诚体现了中国传统道德和中华民族人格的要义。古往今来，人们对于忠诚的重视是不分国界和肤色的。无论在什么地方，一个人如果能够拥有忠诚的品质，就能够赢得人们的敬重和信任，相反，如果一个人缺乏忠诚之心，就会被人鄙视，不仅会失信于人，而且最终还会导致人生的失败。

忠诚爱国，不背叛自己的国家

苏武牧羊的故事在我国是家喻户晓的。

《汉书·苏武传》载：天汉元年（公元前 100 年），苏武奉命赴匈奴被扣，匈奴贵族多方威胁诱降未遂，又把他迁到北海（今贝加尔湖）边牧羊，坚持 19 年不屈。始元六年（公元前 81 年），因匈奴与汉和好，才被遣回朝。苏武出使的时候，才 40 岁。在匈奴受了 19 年的折磨，胡须、头发全白了。回到长安的那天，长安的人民都出来迎接他。他们看见白胡须、白头发的苏武手里拿着光杆子的旌节，没有一个不受感动的，说他是个有气节的大丈夫。而他心如铁石坚，不背叛祖国的气节，也流芳千古，为后人所称道。

著名的生物学家巴斯德说过一句话："科学没有国界，学者都有自己的国家。"这句话激励着无数远赴海外的留学生学成回国，用自己的才智报效祖国。

1986 年 3 月，当我国"863"计划全面启动时，郭三堆荣幸地被推荐为首批中青年专家，赴法国久负盛名的巴斯德生物研究所深造。能进入这所已先后培养出 8 位诺贝尔奖得主的研究所从事研究和学习，是郭三堆梦寐以求的机会。远涉重洋抵达法国后，他无暇顾及风光旖旎的丽都和流金淌银的塞纳河，一头扎进巴斯德研究所，埋头从事生物基因的研究。

很快，郭三堆在"杀虫基因的结构与功能研究"中取得重要进展，法国一家杂志介绍了他的研究成果，引起世界许多科研机构的高度关注。国外的许多大公司纷纷找他签订聘约，年薪一家比一家高。其中，英国一家搞分子生物学的公司派人与郭三堆面谈时，年薪出价到 11 万英镑，但都遭到他的婉拒。在法国还未拿到博士学位，国家有关部门负责人就通知他回国主持"863"的一些科研项目时，郭三堆义无反顾地积极响应。临走前，他用自己在法工作最后一个月的薪水购买了国内紧缺的实验用品。当法国同行再次挽留他时，郭三堆说："我是个科研工作者，虽然科技是没有国界的，但哪个国家先研究出一种先进技术和高科技成果，肯定哪个国家最受益。我是从中国的农村出来的，我深知农民的辛苦和负担。我的祖国需要我，我应该回去。"

郭三堆经常挂在嘴边的一句话就是："不要问你的祖国为你做了什么，而应当问自己，你究竟为你的祖国贡献了什么？"无论在什么情况下，他总是心系着自己的祖国。

爱国是中华民族的优良传统。

被誉为"中国导弹之父"的钱学森从小天资聪颖，悟性极高，3岁时就能背诵百首唐诗、宋词。钱学森的母亲章兰娟性格开朗、热情、心地善良，而且计算能力与记忆力极强，具有很高的数学天赋。应该说，钱学森的超人天赋有来自他母亲的遗传。

章兰娟在钱学森很小的时候，就让其置身于优秀传统文化的浓厚氛围中。钱学森最爱听母亲给他讲岳飞精忠报国，杜甫忧国忧民，诸葛亮忠于汉业、为辅佐蜀国"鞠躬尽瘁，死而后已"等故事。每当听到这些故事时，钱学森是那么的认真、那么的投入，稚气的脸上充满了对古人的崇敬之情。他们的高风亮节在幼小的钱学森心里，打下了深深的烙印。长期浸润在优秀的传统文化之中，钱学森的心底滋生了对民族灿烂文明的崇敬和热爱之情，同时也激发了他强烈的爱国主义情感和深厚的民族自豪感。

1936年，毕业于上海交通大学的钱学森赴美学习，他渴望以自己的知识来改变祖国贫穷落后的现状。临行时，家人特意为他买了《老子》《庄子》《墨子》《孟子》以及《论语》《纲鉴易知录》等关于中国传统文化的典籍。母亲嘱咐他："熟读这些书籍，可以对祖国传统的哲学思想摸到一些头绪。"母亲和父亲一样，还认为："任何一个民族的特性和人生观，都具体体现在它的历史中。因此，精读史学的人，往往是对祖国感情最深厚、最忠诚于祖国的人。"父母的勉励，给钱学森极大的力量支撑。

在美国的日子虽然艰苦，但凭着坚韧的毅力和过人的才智，钱学森的学业进展得很顺利，虽然在学习上游刃有余，但美国人瞧不起中国人的傲慢态度让他很生气。一次，一个美国学生当着钱学森的面耻笑中国人抽鸦片、裹脚，钱学森立刻向他挑战："我们中国作为一个国家，是比你们美国落后；但作为个人，你们谁敢和我比？"周围的美国学生听了这话后，都伸了伸舌头，再也不敢小看中国人了。钱学森怀着强烈的民族自尊心，只用一年时间就获得了飞机机械工程专业的硕士学位。

根据麻省理工学院的办学宗旨，各专业学科的学生都要在学期内到对口的工厂、科研部门实习。钱学森本来应该去飞机制造厂实习，可是，他没有想到，美国的飞机制造厂只准许美国学生去实习，不接纳外国学生。这种民族歧视是钱学森在美国遭受的又一次沉重打击。但是，挫折和困难并没有动摇他为祖国强盛而发愤学习的决心。既然学习航空工程走不通，他决定改学航空理论，并大胆地毛遂自荐，投奔到在加州理工学院任教的世界航空理论权威冯·卡门教授门下。不久，钱学森在导师的培养下，取得了举世瞩目的成就。

虽然美国方面为钱学森提供了优越的工作环境和物质待遇，但身在美国的钱学森始终没有忘记自己的祖国，始终没有忘记报效祖国的愿望。远在国内的母亲每次给钱学森写信时，都提醒他早日回国。钱学森始终把母亲的教诲牢记在心头。多年后，钱学森几经辗转，终于回到了祖国，投身于"两弹一星"的研究，为我国的航天事业立下了不朽功勋。

一个忠于自己国家的人应当时刻心怀自己的祖国，尤其是在一些国际场合，更要注意用实际行动捍卫祖国的尊严。

1990年5月，北京女中学生梁帆应联合国儿童基金会的邀请，前往诺维克城参加"世界儿童为和平为未来"的联谊活动。

当梁帆看到高悬在宾馆门前的 50 多个国家的国旗中，竟然没有中国的国旗时，立即对负责人说："一定要升起中国国旗！因为我在这儿。"她坚定地对负责人表示，如果找不到中国国旗，她将亲手做一面五星红旗。

负责人被梁帆的爱国精神所感动，当即派人升起了中国国旗，并夸奖梁帆道："你是一名合格的中华人民共和国的代表。"

有一位教授经常在他的课堂上为学生讲这样一个故事：

我参加过的婚礼弄不清有多少次，时间久了大都没有什么印象，可在两年前我出席的婚礼上的一个小情景，却让我常常回味。

新娘在一所高校任教，漂亮可人，又有好人缘，那天宾朋满座，代表来宾致辞的是在她学校交流的外籍女教师。她向大家讲了一个小故事：有一次她和这位新娘一起到机场送一个回国的日本教师，在行李检查处，有人从衣服的口袋里滚落一枚一角的硬币，可能是不在乎这区区一角钱，没有捡起，这样后面的人便踩了上去。这个新娘弯腰将一角硬币捡了起来，并用手轻轻地拂去上面的尘埃，快步向前，把这枚硬币交给那人。对方起初觉得尴尬，不肯接受，甚至面有愠色，她便对那人说道："先生，你可以不在乎这一角钱，但在这上面有我们的国徽，不能践踏！"说完这个故事，这位外宾对在场的人讲道，这个新娘对国家的忠诚令人深感敬重，在个人感情上，我相信她也将忠诚如一，用真挚的爱心与她的先生共筑幸福的家园。

故事中这位新娘时刻心系祖国的情怀十分值得我们学习。爱国不是口头上的宣传，而是体现在我们每个人的日常生活中。青少年是祖国未来的希望，要在思想上以那些伟大的爱国志士为榜样，在行动上处处维护祖国的利益和尊严。从小事做起，从自我做起。

不要因个人利益背叛忠诚

忠诚有时意味着牺牲，一个品性忠诚的人不会因为个人利益而背叛自己的忠诚。二战时期一位法国农民用行为很好地证实了这一点。

路易是巴黎近郊的一位农民，他有一个妻子和三个孩子，一家五口人过着清贫而快乐的生活。

经过多年的辛勤工作和清苦生活，路易终于积攒了一笔钱，买下了他们已经居住十几年的小农舍。

农舍虽小，却是红瓦白墙，屋后有一个精心调理的小花园，园里栽满了招人喜爱的各色植物。在把这幢小房子买下来的那一天，全家举行了一次小小的宴会庆祝了一番。

不久，爆发了第二次世界大战。路易应召加入了军队，并成为一名技术精湛的炮手。

路易的村子很快陷入敌手，村民们都随着逃难的人群远走他乡。法国人的一支炮兵部队依然占据着河对岸的高地，路易就在其中。

一个冬日，他正在一门大炮前当班。一位名叫诺艾尔的将军走了过来，用望远镜仔细瞭望河对岸的小村。

"喂，炮手！"将军没有回头，威严地说。

"是，将军！"路易喊道。

"你看到那座桥了吗？"

"看得很清楚，将军。"

"也看到左边那所小农舍了吗？就在丛林后面。"

路易的脸色煞白："我看到了，将军。"

"这是德国人的一个住宿地。伙计，给它一炮。"

炮手的脸色更加惨白。这时的风很大，天气寒冷，裹着大衣的副官们在凛冽的寒风中打着寒战。但是路易的前额上滴下了大粒汗珠。周围的人们没有注意到这位炮手的表情变化。路易服从了命令，仔细地瞄准目标开了一炮。

硝烟过后，军官们纷纷用望远镜观察河对岸的那块地方。

"干得棒，我的战士！真不赖！"将军微笑地看着炮手，不禁喝起彩来，"这农舍看来不太结实，它全垮啦！"

可是，将军吃了一惊，他看到路易的脸颊上流下了两行热泪。

"你怎么啦，炮手？"将军不解地问。

"请您原谅，将军，"路易用低沉的喉音说，"这是我的农舍，在这世界上，它是我家仅有的一点财产。"

每一个忠诚的人都应当像路易一样，当国家利益与个人利益发生冲突时，为了国家利益毫不犹豫地放弃个人利益。

著名的无产阶级革命家，对党和人民赤胆忠心的爱国将领彭德怀就是一位公而忘私、忠军爱国的楷模。古往今来，中外的军事家无不努力争夺兵权。彭德怀是从旧军队过来的人，也知道兵权对于军队将领的至关紧要，但是自从他以身许国、投身革命，就只为党和人民争革命的兵权，而毫不计较个人的兵权。平江起义时，他把一团兵力和所有银元全部交给了党，组建了红五军，为中国工农红军增加了一支主力部队，以后发展为红三军团。1930年，红一军团和红三军团会师长沙城外，组成红一方面军。彭德怀主动提出，由红一军团领导兼红一方面军的主要领导，而从未考虑个人职务的正副高低，并在战斗中以实际行动维护红一方面军总前委的正确领导，说服三军团干部服从党对军队的统一指挥。长征过后，军委决定恢复红一方面军番号，任命彭德怀为总司令，毛泽东为总政委，彭德怀又提出为保留井冈山的旗帜，取消三军团建制的意见，将三军团并入一军团。他这种以革命为重、大公无私、顾全大局，不计个人得失的高尚人格品性，使全军上下钦佩不已。

那些真正忠诚爱国的人总是将国家和人民的利益置于第一位，在他们心目中，首先是国家和人民，最后才是自己。为我国的国防事业鞠躬尽瘁，被称为"两弹元勋"的邓稼先就是这样一位杰出的代表，正是有了这样一批勇于奉献的人，中华民族才挺起了坚强的民族脊梁。

邓稼先出生于安徽怀宁县一个书香门第之家。学生时期就深受爱国救亡运动的影响，曾秘密参加抗日聚会。1948年就读美国印第安纳州的普渡大学研究生院，邓稼先不到两年便读满学分，并通过了博士论文答辩。此时他只有26岁，人称"娃娃博士"。1950年8月，邓稼先在美国获得博士学位9天后，便谢绝了恩师和同校好友的挽留，毅然决定回国。1958年秋，邓稼先参加了中国秘密研制原子弹的工作，放弃了名利，也放弃了与家人团聚的机会。从此，邓稼先的名字便在刊物和对外联络中消失了。邓稼先担任了原子弹的理论设计负责人后，他自己带头攻关。在遇到一个苏联专家留下的核爆大气压的数字时，邓稼先在周光召的帮助下以严谨的计算推翻了原有结论，解决了中国原子弹试验成败的关键性难题。邓稼先不仅在秘密科研院所里费尽心血，还经常到飞沙走石的戈壁试验场。1964年10月，中国成功爆炸的第一颗原子弹，就是由他最后签字确定了设计方案。邓稼先又同于敏等人投入对氢弹的研究，按照二人的方案，最后终于制成了氢弹。

工作中，邓稼先强调亲临第一线。他冒着酷暑严寒，在试验场度过了整整10年的单身汉生活，在15次现场领导核试验中，掌握了大量的第一手材料。一次，航投试验时出现降落伞事故，原子弹坠地被摔裂。邓稼先深知危险，却一个人抢先上前去把摔破的原子弹碎片拿到手里仔细检验。妻子知道他"抱"了摔裂的原子弹，在他回北京时强拉他去检查，结果发现他的肝脏被损伤，骨髓里也侵入了放射物。随后，邓稼先仍坚持回核试验基地。在步履艰难之时，他坚持要自己去装雷管，并首次以院长的权威向周围的人下命令："你们还年轻，你们不能去！"1985年，邓稼先回北京开会，医生强迫他住院并通知他已患有癌症。他无力地倒在病床上，平静地说："我知道这一天会来的，但没想到它来得这样快。"1986年7月29日，邓稼先去世。他临终前叮咛："不要让人家把我们落得太远……"

1986年7月16日，时任国务院副总理李鹏前往医院授予邓稼先全国"五一"劳动奖章。1999年国庆50周年前夕，党中央、国务院和中央军委向邓稼先追授了金质的"两弹一星功勋奖章"。

邓稼先用自己的行为诠释了什么是真正的忠诚和爱国。即超越个人的得失，将自己的才华和生命毫无保留地奉献给自己的祖国和人民。

第六章

守护好内心的天平：正直的品质

正直是美德的基石，是你建立生活大厦的坚实基础。在人的一生中，决定个人价值和前途的不是聪敏的头脑和过人的才华，而是正直的品格。一个人即使没有文化，能力平平，一贫如洗，但只要品格高尚，就会产生一定的影响力。青少年正是人格形成的关键时期，一定要养成正直的品性，只有这样，你的生命才能够发挥出更大的效力。

正直是美德的基石

正直是美德的基石，恐怕有人认为它早已过时了，但它之所以流传至今，正是由于时间的考验证明它确实具有强大生命力的缘故。正直与廉洁相通；正直的美名与始终不渝地坚持真理、忠实于信仰是紧密相连的，它是你建立生活大厦的坚实基础。

在美国的工业社会中，那些前途远大的人所面临的竞争是严峻的。一年接着一年，实业家们苦心研究年轻人在学校里的成绩，审查他们的申请，为符合理想的人们提供特殊的优越条件。然而，他们实际上寻求的是什么呢？大脑？精力？实际能力？肯定，这一切都是需要的。但这些只能使一个人获得某种程度的成功，如果他要攀上高峰，担当起指挥决策的重任，那么还必须加上一个因素，有了它，一个人的能量可以发挥出双倍、三倍的效力。这个奇迹般的品格，就是正直。

英国《泰晤士报》的总编西蒙·福格每年五六月都要接到一些大学的邀请。这些大学请他去做关于择业就业的演讲，因为他在寻找职业方面创造过神话。

那是他刚从伯明翰大学毕业的第二天，他为了寻找职业南下伦敦，走进《泰晤士报》总经理办公室，问："你们需要编辑吗？""不需要。""记者呢？""也不！""那么排字工、校对员呢？""不，都不。我们现在什么空缺都没有。""那么，你们一定需要这个了。"福格从包里掏出一块精致的牌子，上面写着：额满，暂不雇用。结果，福格被留下来，干报社的宣传工作。25年后，他已升至总编的位置。

然而，每次到大学演讲，他对他的这一经历总是避而不谈。他讲得最多的是另一个故事。

他说他认识一位护士，这位护士刚毕业时，在一家医院做实习生，实习期一个月。在这一个月内，如果能让院方满意，她就可以正式获得这份工作，否则，就得离开。

一天，交通部门送来一位因车祸而生命垂危的人，实习护士被安排做外科手术专家——该院院长亨利教授的助手。复杂艰苦的手术从清晨进行到黄昏，患者的伤口即将缝合，这位实习护士突然严肃地盯看院长，说："院长先生，我们用的是 12 块纱布，可是您只取出了 11 块。"

"我已经全部取出来了。一切顺利，立即缝合。"院长头也不抬，不屑一顾地回答。

"不，不行！"这位实习护士高声抗议道："我记得清清楚楚，手术中我们用了 12 块纱布！"

直到这时，院长冷漠的脸上才浮起一丝欣慰的笑容。他举起左手心里握着的第 12 块纱布，向所有的人宣布："她是我最合格的助手。"这位实习护士理所当然地获得了这份工作。

西莱·福格认为，决定一个人价值和前途的不是聪敏的头脑和过人的才华，而是正直的品格，品格就是力量，它比知识就是力量更为准确。

富兰克林也把他的成功归因于正直诚实的品格，而不是他的才能或演说能力，因为他在这些方面都没有什么出众的地方。他说："人们都很看重我。我口才很差，从来不能口若悬河，有时候还结结巴巴，而且经常出错。不过我还是能准确地表达自己的意思。"

有人说，俄国亚历山大一世的个人品格等于一部宪法。在佛朗德战争期间，蒙田是唯一没有关上城堡大门的法国绅士。据说他的个人品格比一个骑兵团更能给他提供保护。

2001 年 9 月 11 日发生在美国的"9·11"事件带给我们这样一个重要的启示：没有灵魂的头脑，没有德行的知识，没有仁善的聪明，固然是一种力量，但它们是只能起坏作用的力量。他们或许能给我们一些启发，或者也能给我们一些趣味，但是你很难尊敬他们，就好比我们对待扒手的敏捷或拦路强盗的马术一样。

诚实、正直和善良，虽然不是命运攸关的东西，却是一个人品格的本质所在。具有这种品质的人，一旦和坚定的目标结合起来，他就有了无比强大的力量。他就有力量做善事，有力量抵制邪恶，有力量战胜各种困难和不幸。当史蒂芬落入敌人手中的时候，他们冷嘲热讽地问他："现在你的堡垒在哪里？""在这里。"史蒂芬把手放在胸前勇敢地说。正是在逆境中，他的品格闪烁出了最耀眼的光芒。当所有人都倒下的时候，他凭着自己的正直和勇气巍然挺立。

厄斯金爵士坚持真理、一丝不苟，是值得每一个年轻人铭刻在心的榜样。他说："我青少年时代就坚持一条准则，做我的良心让我做的事情，上帝会有公论。我会一直坚持这条原则，直到走进坟墓。我严格地遵循它，从不抱怨那是一种牺牲。相反，我却从此找到了发财致富的道路。我还会把这条道路指引给我的孩子们。"

正直是美德的基石。青少年正是人格形式的关键时期，要养成正直的品性。一个人即使没有文化，能力平平，一贫如洗，但只要品格高尚，就会产生一定的影响力。

做正义的维护者和支持者

这个世界呼唤正义，需要正义，只要有正义存在，这个世界的未来就是辉煌而美丽的。青少年是正义的维护者和支持者。作为一个正直的青年，我们要敢于坚持正义，不向恶势力低头，用行动去捍卫正义。见义勇为的优秀军人徐洪刚为我们树立了一个良好的榜样。

1993年8月17日上午10点，从云南彝良开出的长途公共汽车，行驶到四川筠连县巡司锁附近时，一名叫任永林的青年突然瞪起凶狠的眼睛，向一位叫吴道蓉的年轻妇女公然勒索钱财。当遭到拒绝后，这家伙凶相毕露，动手就抢吴道蓉腕上的手表，并在同伴的怂恿助威下，一把撕裂吴道蓉的上衣，嘴里不干不净地骂着，竟在光天化日之下对妇女进行公开侮辱。

吴道蓉拼命反抗着。可任永林就像一头发狂的野兽，竟用力卡住少妇的脖子往车窗乱撞，并企图把无辜的妇女从飞驰的汽车上推下去！

"住手！"随着一声巨雷般的喝声，一只有力的大手一把擎住歹徒的手腕，一个身穿迷彩服的年轻战士屹立在吴道蓉身前。他就是刚刚结束探亲，乘车返回部队的济南军区某团通信连班长徐洪刚。

歹徒们吓了一跳，见对方只是孤身一个人，马上恢复了原先的嚣张气焰，一面动手殴打徐洪刚，一面恶狠狠地向可怜的吴道蓉扑去。

绝不能让歹徒继续行凶，伤害无辜的乘客。凭着在部队练就的一身硬功夫，徐洪刚一脚踹翻任永林，挥拳重重击向另一个歹徒，转眼两个家伙便趴倒在一旁。

这时候，歹徒的另外两个同伙突然从车厢后面蹿上来，紧紧抱住徐洪刚，一面拳打脚踢，一面狂叫着："快！捅了他！"任永林瞪着血红的眼珠从怀里拔出匕首，连连向英雄刺去，血一下染红了座椅和地板，徐洪刚倒下了！胸口、腹部和臂部的 14 处刀孔汩汩地冒着鲜血，肠子竟然流出了体外。全车人被震撼了，大家无法再保持沉默，都愤怒地一步步逼向持刀歹徒。

车中四个歹徒，惊恐万状，跳下车四散奔逃。这时，全车乘客惊愕地看到：血泊中的徐洪刚艰难爬了起来，用背心兜住肠子，奋力跃出车窗，向歹徒逃窜的方向跟跟跄跄地追赶，一步、两步……身后 50 米的路面上，留下一条长长的血迹……

在过路车辆的热心协助下，严重失血的英雄被及时送到县医院抢救过来。根据群众的举报，公安机关及时将罪恶的凶手绳之以法。

一位学者说过，在正义的事情上，弱者能够打败强者。只要你所做的事情是正义的，你就会因此拥有更大的力量。

左拉是 19 世纪法国著名的作家，他不仅是一位杰出的作家，同时也是一个嫉恶如仇、勇于坚持正义的人。

1897 年的一天，左拉和几位朋友聚在一起聊天，在聊天的过程中，他听朋友讲起了一件令人啼笑皆非的事情——多雷弗斯事件。

原来，当时法国的军队中有一位叫多雷弗斯的法国军官，不知什么原因，他忽然被军方怀疑是德国的秘密间谍，并遭到秘密逮捕，很快就被判处终身监禁了。虽然多雷弗斯一直否认自己是间谍，可还是于事无补。后来，军方发现，他们一直寻找的间谍并不是多雷弗斯，而是和他一起工作的另外一个军官。

当时，皮卡尔上校负责这件案子，在发现犯了错误之后，他很快就把这件事向上级作了详细报告。但是令人意想不到的是，上级拒绝纠正这一冤案，理由很简单：需要维护军队威信。与此同时，他们还把皮卡尔调往突尼斯，并要求他不得泄露相关情况。

虽然如此，皮卡尔在离任前还是把这件事告诉了自己的一位律师朋友。

左拉听说这件事之后，当时就火了，他气愤地说："不该受处罚的人在经受折磨，该受处罚的人却逍遥法外，反映情况的人还遭到打击，军方到底在维护什么人的威信？任何一个有正义感的人都不会容忍这种事情发生！我一定要用行动来改变这种不正常的状况！"

一位朋友劝他说："左拉，还是算了吧。我们平民百姓怎么能和拥有强大势力的军方对抗呢？我们不管怎么做，都于事无补，甚至我们自己还有可能受到打击……"

对于朋友的劝说，左拉持有完全不同的看法，他说："我并不同意你的看法！现在我们要做的是维护正义，难道因为军方势力大，我们就不再过问这件事情吗？我们都很清楚，邪恶是无法战胜正义的。所以，我一定要控诉！"

这位极具正义感的作家，当天夜里就挥笔写出了名为《我控诉》的公开信，在新闻媒体上发表出来。在这封信中，左拉对军方的做法提出了尖锐的批评，同时呼吁整个社会都行动起来，帮助多雷弗斯讨回原本属于自己的清白。

在左拉和一些正义人士的奔走下，多雷弗斯终于在 1906 年 7 月 12 日被宣布无罪释放，并恢复了军职。左拉的不懈努力最终取得了胜利，他用自己对正义的呼唤战胜了邪恶。

正义是每个人心头共同的愿望。只要我们挺身而出，坚守正义，正义的力量终究会战胜邪恶的力量。

第七章

有责任心的人才有未来：负责的品质

一个人要跨进成功的大门，他必须持有一张门票——责任心。责任心是一个人成长的动力，对家人，对朋友，对国家的责任都可以成为我们奋斗的动力。同时，承担责任也是一个人走向成熟的标志。当一个人的责任心在心底萌发时，就是他走向成熟的标志。青少年作为未来社会的主人翁，应当学会主动地为祖国、为社会、为家人负起自己的责任，只有这样才能够在承担责任的过程中不断地成长，走向成熟。

学会对自己的行为负责

我们只有首先学会对自己的行为负责，才能够开始对家庭、对他人、对集体、对社会负责。

阿尔弗雷德大帝是英国历史上最伟大的国王之一，同时也是一个极具责任感的人。

阿尔弗雷德统治时期的英格兰形势复杂，国家受到凶猛的丹麦人的入侵。入侵者如潮涌来，他们个个剽悍勇猛，很长时间几乎百战百胜。如果他们继续势不可当，将会征服整个英国。

最后，阿尔弗雷德大帝率领的英格兰军队战败了。每个人，包括阿尔弗雷德，都只能设法逃生。阿尔弗雷德乔装打扮成一个牧羊人，只身逃走，穿过森林和沼泽。

经过几天漫无目的的游荡，他来到一个木匠的小屋中避难。饥寒交迫的他敲开房门，乞求木匠的妻子给点儿吃的东西并借宿一晚。

女人同情地看着这位衣衫褴褛的男人，她不知道他是谁。"请进，"她说，"你给我看着炉子上的蛋糕，我会提供你晚餐的。我现在出去挤牛奶，你好好看着，等我回来，可别让蛋糕煳了。"

阿尔弗雷德礼貌地道了谢，坐在火炉旁边。他努力把精力集中到蛋糕上，可是不一会儿他的烦心事就充满了脑子。怎样重整军队？重整旗鼓后又怎样去迎战丹麦人？他越想越觉得前途渺茫，开始认为继续战斗也将无济于事，阿尔弗雷德只顾想自己的问题，他忘了自己是在木匠的屋子里，忘了饥饿，忘了炉子上的蛋糕。

过了一会儿，女人回来了，她发现小屋里烟熏火燎，蛋糕已经烤成焦炭。阿尔弗雷德坐在炉边，目光盯着炉火，他根本就没注意到蛋糕已经烤焦。

"你这个懒鬼，窝囊废！"女人叫道，"看看你干的好事。你想吃东西，可你袖手旁观！好了，现在谁也别想吃晚餐了！"阿尔弗雷德只是羞愧地低着头。

这时，木匠回来了。他一进家门就认出了坐在炉火旁边的阿尔弗雷德大帝。"住嘴！"他告诉妻子，"你知道你在责骂谁吗？他就是我们伟大的国王阿尔弗雷德！"

女人惊呆了，她跑到国王面前急忙跪下，请求国王原谅她如此粗鲁。

但是阿尔弗雷德亲切地请女人站了起来。"你责怪我是应该的，"他说，"我答应你看着蛋糕，可蛋糕还是烤煳了，我该受惩罚。任何人做事，无论大小都应该认真负责。这次我没做好，但此类事情不会再有了，我的职责是做好国王。"

这个故事没告诉我们那天晚上阿尔弗雷德是否吃了晚饭，但没过多久，他就重整自己的军队，把丹麦人赶出了英格兰。阿尔弗雷德之所以能成为英国历史上有名的国王，是因为他卓越的品格和领导才能，以及他对自己行为负责的精神。

有一次，一位外国妈妈带着自己7岁的小女儿到中国一户家庭做客。

女主人对外国友人的到来非常重视，特别学习了西餐的做法。她对外国母女说："今天我做西餐给你们吃，你们尝尝中国人做的西餐味道好不好。"

7岁的女孩听女主人要给她们做西餐，心想：中国人做西餐肯定不好吃。于是，当女主人问她吃不吃的时候，小女孩坚定地回答："我不吃。"

等女主人把西餐端上来的时候，小女孩一眼就看到了漂亮的冰淇淋。这么好看的冰淇淋味道肯定很好！小女孩有点迫不及待地对妈妈说："妈妈，我要吃冰淇淋。"

女主人很高兴小女孩能够喜欢自己的冰淇淋，就高兴地把冰淇淋端到小女孩面前，说："来，吃吧！"

谁知，女孩的妈妈严肃地对女主人说："不行，我女儿说过她不吃西餐，她得为自己说过的话负责，今天她不能吃冰淇淋！"

女儿着急地哭起来："妈妈，我就想吃冰淇淋！"但是，女孩的妈妈根本不为所动，只是对女儿淡淡地说："你得为自己负责。"

女主人看着，觉得女孩的妈妈也太认真了，就说："给她吃吧，孩子总是这样的。"

女孩的妈妈正色对女主人说："亲爱的，我们要培养孩子的责任心。"

结果，无论女孩怎么哭闹，妈妈就是不同意让她吃冰淇淋。

事实确实如此，只有让孩子懂得自己的行为将会产生什么后果，他才会对自己的行为负责任。在现实生活中，父母要试着把孩子生活中的每一项责任都放到他自己的身上，让孩子自己承担。比如，当孩子遇到麻烦的时候，你应该说："这是你自己选择的，你想想为什么会这样？"而不要对孩子说："你已经努力了，是爸爸没有帮助你。"虽然只是一句话，却反映出了观念的不同。如果你无意中帮助孩子推卸了责任，孩子将会认为自己无须承担责任，这对他以后的人生道路是很不利的。

勇于负责，不要推卸责任

要做一个负责的人，就应当做到无论什么时候都不推卸责任，不迁怒他人，这也是一个人成熟的标志。

美国的教育学家约翰逊有一个刚学会走路的小女儿，有一天她搬着她的小椅子到厨房里，想要爬到冰箱上去。约翰逊急忙冲过去，但已经来不及在她跌倒之前扶住她。当他把她抱起来时，她狠狠地踢了那把椅子一脚，喊道："坏椅子，害得我跌了一跤！"

你会在小孩子那里常常听见这样的借口。小孩子只会率性而为，为自己的过错迁怒于没有生命的东西或是无辜的旁观者，对他来说这是正常的行为。但是，如果我们将这种小孩子的反应带到成年时，麻烦就来了。自从有人类以来，因为自己的失败和过错而责怪他人的现象一直存在着。甚至亚当也以责怪夏娃来作为借口："是这个女人引诱我吃禁果的。"

耶和华将亚当和夏娃安置在伊甸园中，吩咐他们："园中树上的各样果子，你们可以随意吃。只是善恶树上的果子，你们不可吃。"

亚当和夏娃吃了善恶树上的果子，才突然发现自己赤身露体，从此有了羞耻感。为了躲避耶和华，他们藏在园里的树木中。耶和华呼唤亚当："你在哪里？"亚当说："因为我赤身露体，我便藏了。"耶和华说："莫非你吃了我吩咐你不可吃的树上的果子？"于是亚当踢出人类第一个皮球："是你所赐给我、与我同居的女人。她把那树上的果子给我吃，我就吃了。"

耶和华对夏娃说："你做的是什么事呢？"夏娃又把皮球踢开："那蛇引诱我，我就吃了。"可怜的蛇没有脚，不会踢皮球。耶和华惩罚它："你既做了这事，就必受诅咒，比一切的牲畜野兽更甚。你必用肚子行走，终身吃土。"

一个人如果不对自己过去的行为负责，就不可能对自己的未来负责。一个人只有学会对自己的行为负责，不把责任推给别人，才能够不断地进步和成长。

英国女教师莫妮卡的班上有一位学员，有一天在其他的学员走了以后来找她。他们那天在课上训练学生记人名。这位女学员对她说："尊敬的老师，我希望你不要指望能改进我对人名的记忆力，这是绝对办不到的事情。"

"为什么？"莫妮卡问她。

"这是遗传的，"她回答，"我们全家人记忆力都不好，我的记忆力是我父母遗传给我的。因此，你要知道，我在这方面不可能有什么进步。"

"凯蒂，"莫妮卡说，"你的问题不是遗传，是懒。你觉得责怪你的家人比用心改进自己的记忆力要来得容易。坐下来，我证明给你看。"

接下来的几分钟，莫妮卡让凯蒂做了几个简单的记忆练习，由于她专心练习，效果很好。莫妮卡花了相当长一段时间，才让凯蒂消除无法将脑筋训练得比前辈好的想法，不过她很高兴凯蒂终于学会了改进自己的记忆力而不是找借口。

承担责任，可以让一个人变得更优秀。如果一个人乐意对自己的行为负完全责任，即使蒙受损失也不改变做人风格，那么，为了避免损失，他会尽量预防失误，他的失误也因而越来越少，久之必然成为一个出类拔萃的人。所谓专家，不就是失误更少的人吗？无论在任何领域都是如此。

事实上，我们没有责任感，主要是我们没有担负责任的机会，让我们去承担不负责任的后果。

那么，我们应当如何培养自己的责任心呢？

1. 不要推卸责任

我们做的事要勇于承担责任，不要推卸给别人，我们要试着把家庭生活的一些责任放在自己肩膀上。

2. 不要告别人的状

我们如果经常告诉父母别人如何如何，我们就是在学会怪罪别人，我们的大部分告状行为是想引起父母的注意。

3. 从小事做起

培养我们的责任感，不可能一蹴而就。我们要从小事做起，一步步循序渐进。至关重要的一步，就是对自己的行为负责，而不是等问题出来了把责任推给别人。

我们只有首先对自己负责，才能开始对家庭、对他人、对集体、对社会负责。

第八章

贩卖诚信等于贩卖自己：诚实的品质

人无信不立。一个人在为人处世上，如果不能够树立一个诚实可靠的形象，那么终其一生，也很难有所成就。诚信是一个人做人的根本。一个人失去了信用，就会失掉别人的信赖，也会因此而失掉成功的机遇。在一个人成功的道路上，诚实的品格往往比能力更重要。我们在日常生活中一些不守信用的行为，看似小事，却会在我们的品格上印上很大的污点，成为我们人生发展的隐患。

人无信不立

　　为人处世，要接触无数的人，要处理无数的事，如果平时在世人面前不能树立一个诚实可信的形象，那么做人与处世必将艰难重重，或许终其一生，也很难有所成就。信用对于做人十分重要，古圣先贤认为信用为人之本，孔子就说"无信不立"，这包括个人和政府，没有信用就站不起来。个人没有信用，就没有人相信，不被人相信的人，就不能在社会上立足，干不出什么大事；政府没有信用，人民就不相信，不被人民相信的政府，政令就不能施行，国家就治不好，终将会垮台。孔子将"无信"形象地比喻："人而无信，不知其可也。大车无輗，小车无軏，其何以行之哉？"意思是说做人而不讲信用，那是不行的，这好像大车没有輗，小车没有軏，又怎么能走动呢？

　　一位知名的企业家曾经说过："做生意和做人的第一要素就是诚实，诚实就像是树木的根，如果没有根，树木就别想有生命了。"著名的企业家李嘉诚就是一个十分诚实的人，他就是靠诚实的品质奠定了自己事业的基础。

　　1950年，李嘉诚凑了5万元港币，开办"长江塑胶厂"，主要生产玩具和家庭用品。创业初期，条件非常艰苦，但是李嘉诚的员工很少有人跳槽。这是因为李嘉诚一直把诚实作为自己的人生准则："只有你以诚待人，别人才会以诚相报。"

　　后来，精明的李嘉诚看准了塑胶花市场的巨大潜力，就集中所有的人力物力，全部投入到塑胶花的生产中。当时，有位外商觉得李嘉诚经营有方，生产的产品物美价廉，就找到李嘉诚，希望可以大量订货。但是，为了供货有保障，这位外商提出，长江工业有限公司必须寻找有实力的厂家作担保。

这是一笔大生意，为此，李嘉诚欣喜不已，可是找谁作担保呢？李嘉诚接连跑了几天，都没有什么结果，最后只好如实相告："先生，我非常想长期和您合作，但是很遗憾，我实在无法找到厂家为我担保。如果您因此而重新作出决定，我将尊重您的决定。"

那位外商沉默了一会儿，说："从你刚才的谈话中可以看出，你是一位诚实的人。我想，相互间的诚实才是互相合作的基础。我已经决定了，你不必再找人担保了，我们现在就签合同。"

李嘉诚听了十分高兴，但是他还有一个难处，就是资金有限，一下子完不成那么多的订单。李嘉诚不得不把这一实情告诉外商。李嘉诚以为，只要自己说出了实话，对方就会取消和自己的合作了，可事实恰恰相反，那位外商听了李嘉诚的话后，不但没有取消订单的意思，反而非常开心地说："李先生，现在我更能肯定你是一位值得信赖的人了。我愿意提前付款，为你解决资金难题！"

就这样，李嘉诚非常顺利地签下了合同，赚到了一笔数目可观的钱。从这件事中，李嘉诚领悟到，只有"信誉第一，以诚待人"这八个字，才是今后经营中应当遵守的金科玉律。

从那以后，李嘉诚的公司如同他的名字一样，都挂上了一块"诚"字的招牌，恰恰是诚实二字，为李嘉诚今后闯荡商界打下了坚实的根基。

李嘉诚的成功得益于很多因素，但是他的诚实，无疑是他可以赢得诸多合作伙伴的重要原因之一。事实上，一个人只有做到诚实可信，才会被别人信任，才会有合作的可能。不仅仅是在商场上，在生活的各个方面，我们都要做到诚实。诚实好比人的名片，无论走到哪里，都会为其赢得信赖。在一个人的成功道路上，诚信的品格比能力更重要。一个人能力再强，若失去了诚信的品质，就很难有大的成就。

有一位老锁匠一生修锁无数，技艺高超，收费合理，深受人们敬重。

渐渐地，老锁匠年纪大了，为了不让自己的技艺失传，他决定为自己物色一个接班人。最后老锁匠挑中了两个年轻人，准备将一身技艺传给他们。

一段时间以后，两个年轻人都学会了不少东西。但两个人中只有一个能得到真传，老锁匠决定对他们进行一次考试。

老锁匠准备了两个保险柜，分别放在两个房间里，让两个徒弟去打开，谁花的时间短谁就是胜者。结果大徒弟只用了不到10分钟就打开了保险柜，而二徒弟却用了半个小时，众人都以为大徒弟必胜无疑。

老锁匠问大徒弟："保险柜里有什么？"大徒弟眼中放出了光亮："师傅，里面有很多钱，全是百元大钞。"问二徒弟同样的问题，二徒弟支吾了半天说："师傅，我没看见里面有什么，您只让我打开锁，我就打开了锁。"

老锁匠十分高兴，郑重宣布二徒弟为他的正式接班人。大徒弟不服，众人不解，老锁匠微微一笑说："不管干什么行业都要讲一个'信'字，尤其是我们这一行，要有更高的职业道德。我收徒弟是要把他培养成一个高超的锁匠，他必须做到心中只有锁而无其他，对钱财视而不见。否则，心有私念，稍有贪心，登门入室或打开保险柜取钱易如反掌，最终只能害人害己。我们修锁的人，每个人心上都要有一把不能打开的锁。"

信用是做人的根本。一个人失去了信用，就会失掉别人的信赖，也会因此失去成功的机遇。

唐朝元和年间，东都留守吕元应。他酷爱下棋，养有一批下棋的食客。

吕元应与食客下棋。谁如赢了他一盘，出入可配备车马；如赢两盘，可携儿带女来门下投宿就食。

有一日，吕元应在亭院的石桌旁与食客下棋。正在激战犹酣之际，卫士送来一沓公文，要吕留守立即处理。吕元应便拿起笔准备批复。下棋的食客见他低头批文，认为不会注意棋局，迅速地偷换了一子。

哪知，食客的这个小动作，吕元应看得一清二楚。他批复完文件后，不动声色地继续与食客下棋，食客最后胜了这盘棋。食客回到住房后，心里一阵欢喜，企望着吕留守提高自己的待遇。

第二天，吕元应携来许多礼品，请这位食客另投门第。其他食客不明其中缘由，很诧异。

十几年之后，吕留守处于弥留之际，他把儿子、侄子叫到身边，谈起这回下棋的事，说："他偷换了一个棋子，我倒不介意，但由此可见他心迹卑下，不可深交。你们一定要记住这些，交朋友要慎重。"他积多年人生经验，深觉棋品与人品密不可分。

棋品即人品，我们在日常生活中一些不守信用的行为，看似小事，却会为我们的品格印上很大的污点，成为我们人生发展的隐患。

林江是一位高中生。18 岁高中毕业后，他去了国外一所大学开始了半工半读的留学生活。

渐渐地，他发现当地的车站几乎都是开放式的，不设检票口，也没有检票员，甚至连随机性的抽查都非常少。凭着自己的聪明劲儿，他精确地估算了这样一个概率——逃票而被查到的比例大约仅为万分之三。他为自己的这个发现而沾沾自喜，从此之后，他便经常逃票上车。他还找到了一个宽慰自己的理由：自己还是个穷学生嘛，能省一点是一点。

四年过去了，名牌大学的金字招牌和优秀的学业成绩让他充满自信，他开始频频地进入一些跨国公司的大门，踌躇满志地推销自己。然而，结局是他始料不及的：这些公司都是先对他热情有加；数日之后，却又都是婉言相拒。真是莫名其妙。

最后，他写了一封措辞恳切的电子邮件，发送给了其中一家公司的人力资源部经理，烦请他告知不予录用的理由。当天晚上，他就收到了对方的回复：

"先生：

我们十分赏识您的才华，但我们调阅了您的信用记录后，非常遗憾地发现，您有两次乘车逃票受罚的记载。我们认为此事至少证明了两点：一是您不遵守规则；二是您不值得信任。鉴于以上原因，敝公司不敢冒昧地录用您，请见谅。"

直到此时，他才如梦方醒，懊悔难当。

韩非子说："巧诈不如拙诚。"巧诈的行为虽然可能图得暂时的利益，可是一旦被人识破，换来的就是别人怀疑的眼光。以近乎愚笨的拙诚来待人处世，一时间或许他人无法感受到你的诚意，但经过长久的相处，必能获得他人的信赖。

生活中，有的人总把自己看作"智多星"，把别人看成"糊涂蛋"，动不动就对别人用心计、耍手段，把自己所拥有的那点小聪明发挥到极致。他们或以谎言取巧，或以诈术牟利，以致在生活中成为别人厌恶的对象。

其实，这种以欺诈处世者活得很累，每遇重大事项，靠说谎取巧者常担心谎言被人戳穿，靠行诈牟利者要提防诈术被人识破，心术不正的人往往因此而食不甘味、寝不安眠。欺诈并非处世久计，失掉诚信，就失去了立身之本。美国前总统林肯说得好："你能在所有的时候欺骗某些人，也能在某些时候欺骗所有的人，但你不能在所有的时候欺骗所有的人。"欺诈之术迟早会被人识破，而一旦他的真实嘴脸暴露出来，则上下左右的人必将他低看一等。

由此可见，做人还是以诚待人为好。诚实的人虽没有大红大紫的荣耀，但也没有叶萎花落的悲哀；他虽一时得不了大利，但长远也吃不了大亏；他虽不是社交圈子的中心，但也不会成为生活空间的弃汉；他虽没有结交三五天便亲密无间的哥们，却有相处数十年能心心相印的朋友。相比之下，做一个诚实的人要比狡诈之徒活得踏实、舒坦得多。

太阳是最好的消毒剂，诚实地待人处世，不仅对个人的心理健康有益，而且有助于消除人际间的种种猜疑，有利于增进人际间的互信与团结。如果一个人一开始就有坚定的意志，保证他所说的每一句话都是完全真实的，那么他的每一个诺言都要兑现，每一个约定都要忠实地遵守；如果他把自己的声誉看作无价之宝，觉得全世界的人们都在注视着他，那么他不能说一丝一毫的谎话；如果他在人生之初就有这样的立场，那么他最终就会获得无上的荣誉，获得所有人的信任，成为一个高贵的人。

诚实是最佳的策略

一群印第安人围在一家新开的店铺门前，审视着店主的货物，但就是什么都不买。后来，当地的印第安酋长来拜访店主。"你好啊，约翰，把你的货物拿给我看看。啊哈！我要给自己买一条毯子，给我的妻子买一块印花布……我的毯子需要付 3 块貂皮，印花布需要付 1 块。这样吧，我明天再给你。"

第二天，那个酋长带着一个大大的包裹来了，他的包裹里全是貂皮。"约翰，我现在给你付账来了。"他从包裹里抽出 4 块貂皮，一块接一块地把它们放在了柜台上。犹豫了一会儿之后，他又抽出了第 5 块，并把它放到了柜台上。这是一块特别珍贵稀有的貂皮。"已经够了，"约翰把它推了回去，又回答说，"你只欠我 4 块貂皮，我只收下我应得的。"他们又为是 4 块还是 5 块推来推去地争了好长时间，直到最后，酋长的脸上露出了满意的神色。

他把他的貂皮放回到包裹里，审视了这个店主一番，然后跨出门口，朝着他的族人们喊道："来吧，来吧，跟这个约翰做买卖吧，他是不会欺骗我们印第安人的，他不是个小心眼的人。"

然后，那酋长又转过身，冲着店主说："如果你刚才收下了最后一块貂皮，我就会叫我的族人们不要跟你打交道。并且，我们还会赶走其他的人。但是，现在，你已经是印第安人的朋友了，我们要成为你的朋友。"天黑之前，约翰的店里就堆满了毛皮，他的抽屉里也塞满了现金。

诚实是最佳的策略。无论做什么事都不能因为贪图一时的私利而违背自己诚信的原则。

韩国现代集团创始人郑周永就非常重视这一点。他认为，信誉是企业的生命。正是因为郑周永有着良好的信誉，高利贷商人可以不用任何抵押物借钱给他。正是因为郑周永注重信誉，他的现代建设公司在伊拉克获得殊荣，以至于伊拉克总统萨达姆说："我们永远也不会忘记在战争爆发后仍留在伊拉克继续施工的那家外国公司。"最突出的是郑周永为了维护信誉，宁可自己亏损，甚至卖房卖厂也要保证高灵桥工程按时完工的例子。

1953年，郑周永获得了高灵桥工程的施工权，并签订了合同，规定工期为26个月，预算资金为5478万元。可是在施工期间，由于通货膨胀，现代建设面临财政危机。许多人认为，郑周永这次一定栽了。他的竞争对手也在幸灾乐祸地等着他失败的消息。郑周永一直以"信誉就是财产"为座右铭，他宁可自己承担一切损失，也要在合同期内将工程完成。为了解决资金问题，他卖房卖厂，筹措了必需的资金。1955年年底，高灵桥工程如期完工，最后结算其赤字达6500万元。高灵桥工程虽然使郑周永伤了元气，但是，郑周永也获得了用金钱买不到的东西，那就是信誉。

郑周永宁肯自己背上巨额赤字，也要使工程保质保量地按时完成。对他的这种做法，韩国政府给予了高度的评价，并对他及他的现代企业表示绝对的信任。这对郑周永以后承接政府的更多项目起了很大的作用。

李洁是一家建筑装饰公司的设计人员。这家公司已经好几个月没有工程可做了。就在大家为公司的前途焦虑的时候，老板拿来了一份海滨别墅的装修合同，并委派李洁负责这个工程。

李洁喜出望外，3天后便拿出了设计方案和效果图，经客户审阅后很快付诸实施。在接下来的日子里，李洁一心扑在工程上，从选料到施工严格把关，生怕出现不必要的质量问题。

5个月后，工程即将完工，老板丹尼尔来到工地检查。当他走过回廊，准备穿过客厅去花园时，突然停在了一面玻璃墙前。他用视线量了量角度，又用手敲了敲墙体，然后转身拿过来一把铁锤猛地朝玻璃墙砸去。只听"轰"的一声，玻璃墙成了一地碎片。"老板，你为什么要砸这面墙？"李洁被老板的举动惊呆了。"玻璃墙偏了5度，抗冲击力不够。这令我不满意。""你不满意，也犯不着一锤子就砸碎1万元呀！""我宁可一锤子砸碎眼前这1万元，也不愿意让这面墙影响了整个工程的质量而失去市场，失去日后的100万，甚至1000万！"

李洁极不情愿地重新选料，并赶在交工前重新装修好了那面玻璃墙。交工那天，精美的装修赢得了客户的高度评价，而且还为他们推荐了几个新的客户。公司由此度过了困难时期，业务量开始大幅攀升。

在公司举行的庆功酒会上，老板深情地对李洁说："1万元是能看得到的，而100万元、1000万元则是看不到的。看得到的永远是那么一点点，看不到的才是一大片。年轻人，不被眼前的利益所诱惑，你的脚步才会走得更远。"

诚实是最好的经营策略，也是我们最好的做人策略。投机取巧、耍小聪明只能获得一些眼前的小利益，最终还是会因为这些行为失掉更多的利益，甚至还会因此而导致失败。

波士顿市长哈特先生说，50年来，他目睹了诚实和公平交易的深入人心，90%的成功生意人都是以正直诚实著称的，而那些不诚实的人的生意最终都走向破产。他说："诚实是一条自然法则，违背它的人会得到报应，受到应有的惩罚，就像万有引力定律不可违背一样，诚实的定律也是不可违背的。违背的结果就是受到惩罚，不可逃脱的惩罚。或许他们可以暂时地逃避，最终却无法逃避公平。商人拥有顾客们所需要的东西，同时商人也需要顾客所拥有的东西。当交易发生的时候，如果双方都是诚实的，那么双方都会受益。对资本家和工人来说，诚实对双方都是有利的。如果资本家不能诚实地对待工人，那么资本家就不会赢得利润；反之亦然。就像90%的成功人士的经验所证明的，这是一条在生活中的方方面面都行得通的法则。"

阿瑟因·佩拉托雷是美国曼哈顿航运线的老板。至今，他仍然记得在他10岁时发生的一件事。

那年正是经济大萧条时期，他在一辆运货大卡车上工作，每天要向100家商店递送特别食品，干12小时的工作只能挣到一个三明治、一杯饮料和50美分。

一天，他在桌子底下拾到了15美分，并把它交给了老板。老板拍着他的双肩，承认钱是他故意放在那儿的，以验证他是否值得信任。后来，佩拉托雷一直为他工作到上完高中，是他的诚实使他在美国经济最困难的时期保住了自己的工作。

后来，他又干过许多工作：侍者、房屋清洁工等。再后来，当他用自己的卡车做生意，挣扎着度过4个连续亏损的惨淡之年时，他就会回想起在糖果店里学到的关于信任的一课。

诚实的人不吃亏；自以为聪明、自以为得意、爱骗人的伪君子，最终是不会成就大事的。

人若不诚实，就无法立身于世，就什么事都做不成。大凡有所成就的人，诚实是他成大事的重要因素。

一个年轻人说："我一直都很诚实，可并没有因此而成功。"仅仅做到诚实，你当然不会成功，如果你想成功，就不要忘记打出诚实这张牌，毕竟只有这样，你才会距离成功越来越近。

第九章

百善孝为先：孝顺的品质

中国有一句古话："百善孝为先。"意思是说，孝敬父母在各种美德中是占第一位的。如果一个人连孝敬自己的父母都不知道，就很难想象他会热爱自己的祖国和人民。古人说："老吾老，以及人之老；幼吾幼，以及人之幼。"青少年不仅要孝敬自己的父母，还应当孝敬别的老人，爱护年幼的孩子，在社会上形成尊老爱幼的淳厚民风，这是新时代青少年应承担的责任。

孝顺是一种美德

在我国古代，有一首《劝孝歌》，里面有两句话："人不孝其亲，不如禽与兽。"语句虽然直白，但说出一个真理：孝是一切道德的根源，是一个人为人处世的根本，也是做人的基本要求。

在我国历史上有很多孝敬父母的例子。

汉朝的时候，有个少年叫黄香。他总是主动地帮父亲做家务，邻居都夸他是个懂事的好孩子。在黄香9岁那年的夏季，父亲得了一场重病，卧床不起。小黄香十分着急，跑了很远的路请来大夫为父亲治病。

大夫开了药方，小黄香又亲自抓药和煎药，然后一口一口地喂给父亲吃。

到了晚上，小黄香怕飞来飞去的蚊虫影响父亲休息，便搬来一只小板凳，坐在床边替父亲扇扇子，驱赶蚊蝇，直到天亮。

第二天晚上，父亲怕小黄香熬坏了身体，关切地说："孩子，我好多了，你去睡一会儿吧。"小黄香却执意不肯，说："以前我生病时，您也是这样照顾我的，现在您病还没好，我怎么睡得着呢！"

在小黄香的精心护理下，父亲的病很快就痊愈了，小黄香却累瘦了。

父亲把黄香紧紧搂在怀里，流下了眼泪："真是辛苦你了！"

黄香长大以后，被朝廷选为孝廉（孝顺廉洁的人），做了大官。他对待百姓十分仁厚，受到了大家的颂扬。

在人的成长过程中，每一步都离不开父母的关怀。懂事的孩子要多替父母着想。孝敬父母是我们做人的根本，也是我们做人最起码的品德。

相传我国伟大的思想家、教育家孔子一生弟子3000人，其中贤弟子72人。这72人中又有一个叫子路的人，在所有弟子当中，他尤其以勇猛耿直闻名，而其自幼的孝行也常为孔子所称赞。

子路小的时候家里很穷，一家人时常在外面采集野菜充饥。有一次，子路年迈苍苍的父母许久没有吃过饱饭了，总念叨着什么时候能吃上一顿米饭该多好啊！可是家里一点米也没有了。子路看在眼里，急在心里：这可怎么办啊？子路突然想起山那边舅舅家里还比较富足，要是翻过那几道山梁到他家借点米，他们心疼我，就一定肯借，那父母的这点要求不就可以满足了吗？

于是，小子路打定主意出发了。他不顾山高路远，翻山越岭走了几十里路，从舅舅家借到一小袋米，又马不停蹄地往家赶。夜里看着满天的繁星，一个人走在漆黑的山路还真有点害怕，可想到父母还在家里等着自己，小子路又鼓起勇气，大步流星地朝前赶去。回到家里，生火、洗锅、打水，蒸熟了米饭，自己一口也舍不得吃，连忙捧给了父母。看到父母吃上了香喷喷的米饭，子路忘记了一切疲劳，开心地笑了。

父母去世以后，子路南游到楚国。楚王非常敬佩和仰慕他的学问和人品，给子路加官晋爵，此后子路家中车马百辆，余粮万钟（古代容量单位），不愁吃不愁喝。但是子路总是不能忘怀昔日父母的劳苦，感叹说："如果父母还在世就好了，就算要同以前一样吃野菜，再要我到百里之外的地方背米回来赡养父母双亲也好啊！"

当老师孔子得知子路如此思念父母，并一再为父母生前无法尽心尽力奉养他们而自责时，便劝慰子路说："你在父母生前已经尽孝了。父母过世的时候，虽然后事无法用优厚的丧礼操办，可你的孝心父母已经感受到了，你也已经尽了为人子女应有的礼节。你不必内疚，而且完全可以称作天下做子女的楷模！"

中国有一句古语："百善孝为先。"意思是说，考敬父母是在各种美德中占第一位的。如果一个人连孝敬父母都不知道，就很难想象他会热爱自己的祖国和人民。古人说："老吾老，以及人之老；幼吾幼，以及人之幼。"我们不仅要孝敬自己的父母，还应当尊敬别的老人，爱护年幼的孩子，在社会上形成尊老爱幼的淳厚民风，是新时代青少年应有的责任。

关爱家人，帮父母分担家务

一个孝顺的孩子，应当懂得体贴和关爱自己的家人，要学会照顾家中的老人，帮自己的父母分担一些家务。

著名的地质学家李四光小的时候，不仅勤奋好学，而且还特别孝顺父母，总想着为父母分担忧愁。所以，在他还上小学的时候，他就知道帮助父母干家务活了。

有一天，李四光刚从私塾里放学回来，就看见母亲正用石杵费力地舂米，于是，他立即放下书包，跑过去帮母亲干活。因为石杵特别沉，所以李四光才干了一小会儿，鼻尖上就沁出了汗珠。母亲看见了，心疼地说："好孩子，你上学已经很辛苦了，应该休息一下了，这些重活还是让娘来做吧！"谁知李四光非常执拗，他理直气壮地说："我要帮娘干活，我不累！真的，我现在一点儿都不累！"于是，他一直努力坚持着，直到把米舂完，他才停下来休息。

除了帮父母舂米外，李四光还想出很多的办法帮助父母减轻生活的压力。每年夏天，只要是到了收麦子的季节，李四光就会约上几个小伙伴，到别人家收过麦子的大田里捡别人落下的麦穗。虽然捡到的麦穗不多，但是父母看到他这么懂事，已经非常欣慰了。

看到家里没有柴烧了，李四光就约上自己最要好的小伙伴，带着斧子和绳子，到大山里去砍柴。有一次，李四光又和小伙伴们一起上山砍柴，由于山路很陡，路面也非常滑，李四光一不留神，摔了一跤，膝盖都被磕破了，鲜血直流，别的小伙伴劝他不要再上山了，可是他不同意，还是坚持着上山砍柴。

傍晚，小李四光和小伙伴们每人都背着一大捆柴火回家了。母亲也早早地站在村口迎接儿子。看见李四光一瘸一拐地回来了，母亲赶紧迎了上去。看着他膝盖上的伤口，母亲不由得流下眼泪来，她说："孩子，以后咱不去了，娘再也不让你上山砍柴了……"

谁知李四光却非常懂事地说："娘，我一点儿都不疼，真的！再说，只要我累一点，娘就可以多歇一会儿呀！"

李四光不仅是一个知道为家分担忧愁的好孩子，他还在学校里努力学习，取得了优秀的成绩。长大之后，李四光成为一名优秀的地质工作者，经过 10 多年的野外考察，他彻底否定了外国权威专家所作出的"中国贫油论"的观点，为我国的石油事业作出了卓越的贡献。

除了要帮父母分担家务之外，我们还应当照顾好家中的老人。

陈磊原是哈尔滨三中的学生，后以 630 分的"托福"成绩被美国著名的米德尔伯里学院录取，毕业后在纽约华尔街全美排名第一的投资银行——高盛银行工作。陈磊从小就知道关照老人。

幼年的陈磊很惹人喜欢，是爷爷奶奶的"掌上明珠"，是爸爸妈妈的希望所在。家人对她倾注了浓浓的爱。陈磊在享受爱的温馨之中，培养起对家人、对他人和对生活的美好感情，从接受大家的爱当中学会爱大家，养成了关照老人的习惯。

每逢家人吃水果，陈磊每次都是把大的给爷爷奶奶，自己留小的。有时爸爸妈妈给她买来小食品，她也是主动让爷爷奶奶、爸爸妈妈尝一尝。每逢节假日家人聚餐时，都等爷爷奶奶长辈人人座后，她才上桌。遇到好吃的东西，她也学着大人的样子，多往爷爷奶奶的碗里夹。

陈磊很小的时候就很懂事。每逢节假日，爸爸妈妈常带着她去看姥爷、姥姥。走在路上的时候，她都是尽量自己走。实在累了，才让爸爸妈妈背她走一段。当爸爸妈妈问她：等爸爸妈妈年龄大了，走不动时，你能背我们吗？每次她都痛快地说：能！有时，看爸爸妈妈背她走得吃力，她便主动要求下来自己走。一次去江边玩，爸爸妈妈累得全身出汗，她无论如何也不让背着她走，自己走得满脸通红，路上行人见了，都觉得这个小孩挺懂事儿，那时她还不到3岁。

从陈磊的身上我们可以看出，关爱家人的习惯在于从小培养，时时刻刻想着为家人做些事情，只要你留心培养自己的习惯，相信你也会做得和陈磊一样，也会得到家人的更多关怀。

想要养成孝敬父母、关爱家人的好习惯，就从下面的事情开始做起吧！习惯不是一天两天养成的，持之以恒，才有效果。

（1）当父母询问你在校情况时，要耐心回答，听从父母的正确教导，而不是心不在焉或敷衍了事。

（2）当提出的要求得不到满足时，要体谅、理解父母的难处，而不是发脾气或生闷气。

（3）当父母生病时，要关心体贴父母，做好自己力所能及的事情，而不是对父母不闻不问。

（4）当做错事被父母批评时，要虚心接受，并及时改正错误，而不是与父母争辩，强说自己有理。

（5）当被父母误解时，要与父母进行良好的沟通，消除他们对你的误解，而不是埋怨争执致使误会更深。

（6）当你因事情耽误需要晚回家时，记得打电话给父母，让他们别为你担心。

（7）当你庆祝自己的生日时，不要忘了是父母给了你生命，记得真诚地对他们说一声——爸妈，我爱你们！

（8）记得爸妈的生日，不需要昂贵的生日礼物，一个深情的拥抱，就是给他们最好的祝福。

（9）记得闲暇时间多陪父母聊聊天，而不是在 CS 或传奇世界里流连忘返。

（10）如果可能，帮妈妈刷刷筷子洗洗碗，帮爸爸捶捶后背揉揉肩。爱，很多时候就是一些容易被我们忽略的细节。

第十章

控制自己让你更强大：自制的品质

　　有自制力不仅仅是人的一种美德，而且，在一个人成就事业的过程中，自制力也是一项决定成败的关键因素。自制对于青少年的成长和进步来说，有着十分重要的意义和作用。斯威夫特说过，只有自制的人才能拥有真正的美德。控制自己能够让一个人变得更强大。青少年要想成为能够主宰自己命运的强者，就必须学会克制自己，管理自己。

不要成为情绪的奴隶

有自制力不仅仅是人的一种美德，在一个人成就事业的过程中，自制力也是一项决定成败的关键因素。

有人说：一个人要想在事业上取得成功，务必戒奢克俭，节制欲望，只有有所放弃，才能有所获得。自制不仅仅是在物质上克制欲望，对于一个想要取得成功的人来说，精神上的自制力也是非常重要的。衣食住行毕竟是身外之物，不少人都能自制，甚至是尽善尽美地克制，但精神上的、意志力上的自制并非人人都能做到。

想要成功必须使消极的情绪得到有效的控制，否则，人的生活质量、工作成效和事业成就将无法保证。米开朗琪罗曾说："被约束的才是美的。"对于情绪来说也是如此，一个人的情绪如果不能得到有效的调控，那么，人就有可能成为情绪的奴隶，成为情绪的牺牲品。

芬妮是一个脾气暴躁、容易出现情绪波动的女孩，经常因为小事和别人吵架，她的人际关系因此越来越紧张，结果男友也难以忍受她的坏脾气，和她分手了。终于有一天，她觉得自己已经处于崩溃的边缘。

她打电话向她的一个朋友詹森求救。詹森向她保证："芬妮，我知道现在对你来说是有点糟，可是只要经过适当的指引，一切就会好转。"

"你现在的第一件事是让自己安静下来，好好地享受一下宁静的生活。"

听了詹森的话，芬妮开始试着放弃先前忙碌的生活，好好地放松一下自己，给自己休了一个长假。当她已经稳定了一段时间之后，詹森又建议道："在你发脾气之前，不妨想想，究竟是哪一点触动了你？"

"你可以拥有两种思考，一种是让每件事情都在脑海里剧烈地翻搅，另一种则是顺其自然，让思想自己去决定。"说着，詹森拿出了两个透明的刻度瓶，然后分别装了一半刻度的清水，随后又拿出了两个塑料袋。芬妮打开来，发现分别是白色和蓝色的玻璃球。詹森说："当你生气的时候，就把一颗蓝色的玻璃球放到左边的刻度瓶里；当你克制住自己的时候，就把一颗白色的玻璃球放到右边的刻度瓶里。最关键的是，现在，你该学会控制自己的情绪，如果你不试着控制自己的情绪，你会继续把你的生活搞得一团糟。"

此后的一段时间内，芬妮一直照着詹森的建议去做。后来，在詹森的一次造访中，两个人把两个瓶中的玻璃球都捞了出来。他们同时发现，那个放蓝色玻璃球的水变成了蓝色。原来，这些蓝色玻璃球是詹森把水性蓝色涂料染到白色玻璃球上做成的，这些玻璃球放到水中后，蓝色染料溶解到水中，水就呈现了蓝色。詹森借机对芬妮说："你看，原来的清水投入'坏脾气'后，也被污染了。你的言语举止，是会感染别人的，就像玻璃球一样。当心情不好的时候，要控制自己。否则，坏脾气一旦投射到别人身上的时候，就会对别人造成伤害，再也不能恢复到以前。所以一定要控制好自己的言行。"

芬妮后来发现，当按照詹森的建议去做时，人真的不会那么混沌了，事情也容易理出头绪。在此之前，她的心里早已容不下任何新的想法和三思而后行的念头，已经形成了一种忧虑的习性，这些让她恐惧慌乱而情绪化。

当詹森再次造访的时候，两个人又惊喜地发现，那个放白色玻璃球的刻度瓶竟然溢出水来——看来芬妮对自己的克制成效不小。慢慢地，芬妮已学会把自己当成一个思想的旁观者，来看清自己的意念。一旦有了不好的想法就很快发现，想法失控的时候就及时制止。这样持续了一年，她逐渐能够信任自己并且静观其变，生活也步入常轨，并重新得到了一位优秀男士的爱，美好在她的生活中渐渐展现。

任情绪控制、受坏情绪摆布的人往往是生活的弱者，当你要发脾气的时候，应该做的第一件事就是尽量让自己安静和放松下来，想一想目前出现了什么情况，而不是顺其自然让脾气发作，被情绪牵着走。

有一天，陆军部长斯坦顿怒气冲冲地来到林肯那里，抱怨一位少校公开指责他偏袒下属。林肯建议斯坦顿立即写一封信回敬那位少校。

"可以狠狠地骂他一顿。"林肯说。

斯坦顿立刻写了一封措辞激烈的信，然后拿给总统看。

"对了，对了。"林肯高声叫好，"要的就是这个！好好教训他一顿，真写绝了，斯坦顿。"但是当斯坦顿把信叠好装进信封里时，林肯却叫住他，问道："你要干什么？"

"寄出去呀。"斯坦顿有些摸不着头脑了。

"不要胡闹。"林肯大声说，"这封信不能发，快把它扔到炉子里去。凡是生气时写的信，我都是这么处理的。这封信写得好，写的时候你已经解了气，现在感觉好多了吧，那么就请你把它烧掉，再写第二封信吧。"

和别人生气的时候，要注意合理控制自己的情绪，既不要把自己的愤怒压抑在心底，也不要直接将愤怒发泄给别人，而要找出一个缓解愤怒情绪的合理步骤，让自己的情绪缓一缓，等自己的内心平静了再做决定。

除了愤怒情绪之外，忧郁、失望、苦闷等消极情绪也是阻碍我们走向成功的重要因素。一个人要取得成功，就要学会合理地控制自己的消极情绪。

传说，远古时候鳄鱼曾经是地球上数量庞大的生物之一，无论是平原、森林还是沼泽，到处都可以看到鳄鱼的身影。

鳄鱼家族的兴旺，招致了恐龙家族的忌恨和围剿。面对家族成员的凋零，生存地域越来越狭小的境地，鳄鱼大王只知道感叹昔日的辉煌，哀叹现在的不幸，终日以泪洗面，无所作为。

蚯蚓大王见了，好心地劝告鳄鱼大王："别只顾用泪水浸泡往事了，采取实际行动加紧锻炼吧，这样或许还能争回些地盘。"

鳄鱼大王不屑一顾地回答说："你这种只知道钻地的东西，轮得上你教训我吗？"

蚯蚓大王听了，摇了摇头再也不说什么，带着它的一大群臣民和子孙继续在土壤中耕耘。

鳄鱼大王仍不思进取，除了退让就是一味流泪叹息。

就这样过了一个又一个世纪，直到恐龙灭绝了，鳄鱼家族还是未能恢复往昔的繁荣，如今在平原和大森林中再也难觅它们的身影。它们躲到了沼泽、湖泊、河流中去生存，唯一保持不变的只有那时不时流泪的特性，但是人们对它们流的这种泪不再抱有同情的态度，而是把"鳄鱼的眼泪"当成是假仁假义的代名词。

而蚯蚓家族呢，它不但用汗水为人类贡献了大量的肥沃土壤，而且用汗水换来了家族的繁荣，现在地球上的每一个角落，几乎都有蚯蚓大王的子孙。

这虽然只是一个诙谐的童话故事，却给我们带来了一个很重要的启示：一个人只有成功地控制了自己的情绪，才能够走向成功。

一个人成功的最大障碍不是来自外界，而是自身，除了力所不能及的事情做不好之外，自身能做的事不做或做不好，那就是自身的问题，是自制力的问题。

如果你能够恰当地掌握好情绪，那么将在别人心目中留下"沉稳、可信赖"的形象，你的人生也必定会因此而受益匪浅。

驾驭好自己的情绪，增强自控能力，是取得成功的一个重要因素，也是成功人生的重要法则之一。

培养坚强的自制力

一个人要想不断进步，就必须培养自己超人的自制力。自制能力是在日常生活中和工作中善于控制自己情绪和约束自己言行的一种能力。自制力对于一个人来说就好像是一辆汽车的制动系统一样。如果一辆汽车光有发动机而没有方向盘和刹车的调节，汽车就会失去控制，不能避开路上的各种障碍，就有撞车的危险。一个想要有所成就的人如果缺乏自制力，就等于失去了方向盘和刹车，必然会"越轨"或"出格"，甚至"撞车""翻车"。在我们的生活和成长过程中必然要接触各种各样的人，处理各种各样复杂的事，其中有顺心的，也有不顺心的，有顺利的，也有不顺利的，有成功的，也有失败的，如缺乏自制能力，放任不羁，势必搞坏关系，影响团结，挫伤积极性，甚至因小失大，铸成大错，后悔莫及。因此，我们必须要有较强的自制力，管理好自己，不让自己的言行出格。

那么，青少年要怎样才能培养过人的自制力呢？

1. 正确地看待事物

对事物认识越正确、越深刻，自制能力就越强。比如，有的人遇到不称心的事，动辄发脾气，训斥谩骂，有的人却能冷静对待，循循善诱，以理服人。为什么呢？古希腊数学家毕达哥拉斯说："愤怒以愚蠢开始，以后悔告终。"所以对自己的感情和言行失去控制，最根本的就是对这种粗暴作风的危害性缺乏深刻的认识，因而造成了不良影响。

2. 磨炼自己的意志力

自制需要强大的意志力。苏联教育家马卡连柯说过："坚强的意志——这不但是想什么就获得什么的本事，也是迫使自己在必要的时候放弃什么的本事，没有制动器就不可能有汽车，而没有克制也就不可能有任何意志。"因此，反过来也可以说，没有坚强的意志就没有自制能力，坚强的意志是自制能力的支柱。意志薄弱的人，就好像失灵的闸门，对自己的言行不可能起调节和控制作用。

3. 用毅力控制爱好

一个人下棋、打牌、看电视入了迷，都可能影响工作和学习。毅力，可以帮助你控制自己，果断地决定取舍；毅力，是自制能力果断性和坚持性的表现。列宁就是一个自制能力极强的人，他在自学大学课程时，为自己安排了严格的时间表：每天早饭后自学各门功课；午饭后学习马克思主义理论；晚饭后适当休息一下再读书。他过去最喜欢滑冰，但考虑到滑冰比较疲劳，使人想睡觉，影响学习，就果断地不滑了。他本来喜欢下棋，一下起来就入了迷，难分难舍，后来感到太费时间了，又毅然戒了棋。滑冰、下棋看来是小事，是个人的一些爱好，但要控制这种爱好，没有毅然决然的果断性是办不到的。常常遇到这样一些人，嘴上说要戒烟，但戒了没几天，就又开始抽了，什么原因呢？主要就是缺乏毅力。没有毅力，就没有果断性和坚持性，自制的效率就不高。可见，要具有强有力的自制能力，必须伴以顽强的毅力。

第十一章

懂得感恩，你将得到更多：感恩的品质

托·福勒说过，美好的生命应当充满期待、惊喜和感激。在这个世界上，你所感恩的事情越来越多，你得到的幸福和快乐就会越来越多。感恩是一种积极的人生态度，如果你学着每天都感恩，以感恩的态度对待每一件事，特别是当你在生活中遇到磨难和挫折的时候，都能够把它们当成生命中的一份礼物，那么你的生活就会增添很多欢乐，减少很多不必要的烦恼。

真诚地感谢生活

　　人生如花开花谢，潮起潮落，有得便有失，有苦也有乐。如果谁总认为自己失去太多，总受到这个意念的折磨，谁才是真正不幸的人。

　　玛莎曾在慈爱会中同广为美国人所敬爱的德瑞莎修女共处30多年。从她下面讲述的故事里可以看出德瑞莎对待人生的态度。

　　一次，当我做完弥撒，和德瑞莎院长谈到人世间诸多的困难挫折时，她对我说："其实，世上的艰难困苦又何尝不是俯拾皆是，如果我们视其为上天恩赐的礼物，那么人们周围便会减少几许悲观，平添些许快乐……"

　　不久以后，我和德瑞莎院长乘飞机去纽约。飞机起飞前发现了故障，被迫停飞。

　　当时，我感到失望和沮丧，但想起了德瑞莎院长曾说过的话，便这样对她说道："院长，我们今天得到了一份'小礼物'——我们得待在这儿等4个小时，你不能按计划赶回修道院了。"

　　德瑞莎修女听完我的话，微笑着看了看我，然后便安然地坐下来，拿出一本书，静静地读了起来。

　　从那以后，每当我在生活中遇到磨难与挫折时，便会用这样的话语来表达："今天我们又得到了一份礼物""嘿，这可真是个特殊的大礼物"……而这些话竟然有着神奇的效果，往往就在不经意间，困顿难释的心境变得开朗，莫名的烦恼也消失不见，连微笑也会在说话间悄悄爬上人们的脸颊……

　　当面临生活中的磨难和挫折时，如果我们都能够像德瑞莎修女所讲的那样，真诚地感谢生活，把它们当成生命中的一份礼物，将磨难当作命运的祝福，那么我们的人生就会减少很多不必要的烦恼。

有一次，美国前总统罗斯福家里遭窃，被偷去了许多东西。一位朋友闻讯后，忙写信给罗斯福，安慰他不必太在意。

罗斯福给朋友的回信是这样的：

亲爱的朋友，谢谢你来信安慰我，我现在很平安。感谢上帝：因为第一，贼偷去的是我的东西，而没有伤害我的生命；第二，贼只偷去我部分东西，而不是全部；第三，最值得庆幸的是，做贼的是他，而不是我。

对任何一个人来说，遭到盗窃绝对是件不幸的事，但是，罗斯福并不怨恨盗窃的贼。相反的，他还能找出感谢上帝的三个理由。这种感恩他人、感恩生活的习惯让罗斯福在遭遇不幸的时候还是能够保持平和的心态。

感恩是一种快乐生活的哲学。英国作家萨克雷说：生活就是一面镜子，你笑，它也笑；你哭，它也哭。你感谢生活，生活将赐予你灿烂的阳光；你不感谢，只知一味地怨天尤人，最终可能一无所有！

有这样一条短信："所谓幸福，是有一颗感恩的心，一个健康的身体，一份称心的工作，一位深爱你的爱人，一帮信赖的朋友。"

是的，一个人如果习惯于感谢他人，他将得到他人的信任和喜欢。一个人如果习惯于感谢生活，他将得到生活的眷顾和宠爱。

但是，感谢一切也不纯粹是一种心理安慰，不是对现实的逃避，更不是阿Q的精神胜利法。感恩，是一种歌唱生活的方式，它来自对生活的接受、热爱与自信。

首先，我们要感谢帮助我们的人和事。

感谢我们的父母，因为是他们给予我们生命，让我们健康地成长，让我们在远离家乡的地方放飞理想。

感谢师长，因为是他们给我们以教诲，让我们抛却愚昧、懂得思考，在成功的历程中实现自身的价值。

感谢兄弟姐妹，因为他们让我们在这个尘世间不再孤单，让我们知道有人和自己血脉相连，可以互相扶持。

感谢朋友，因为他们给予我们友谊，让我们在孤寂无助时可以倾诉、可以依赖，能够看到希望和阳光。

感谢曾帮助过我们的人，他们让我们发现生命如此丰厚而富有。

感谢肯接受我们帮助的人，是他们的信任让我们可以把善良续延。

不要因为一点小事就和我们的亲人、朋友喋喋不休，我们要取得成功，必然要争取广泛的帮助，而总是用放大镜看别人的缺点，则会使我们失去必要的人脉储备。只有学会宽容、理解，学会用感恩的眼光弥合误会的伤口，成功的路上才能多一些支持、多一些希望。

其次，要感谢为难我们的人和事。

笛卡儿说："让我为难在两方面对于我都有益，一方面是使我知道自己的弱点；另一方面是让我克服这个弱点，从而增加我的优点。"

任何成功的人都是从困境中走出来的。如果能够将成功具体地量化，它就是爱迪生1200次的试验，是达·芬奇几百张画得不像样的鸡蛋，是李时珍27年的野外考察，是《西游记》中唐僧经历的九九八十一难。

任何一个人，如果有信心、有毅力接受这些困难的话，就都能够成功。困难的量变积累到一定的水平，自然就能转化为成功的质变，这是无数人已经证明了的事实。

所以说，要感谢为难我们的人，是他们将困难推给了我们，也将成功的可能赐予了我们；

感谢伤害我们的人，是他们磨炼了我们的心志；

感谢欺骗我们的人，是他们增长了我们的见识；

感谢孤立我们的人，这样我们才能自立；

感谢利用我们的人，这证明了我们存在的价值，并且强化了我们的能力；

感谢斥责我们的人，因为他们培养了我们的智慧。

除此之外，还要感谢在生活中所遇到的折磨，每一次痛苦发作的时候，也是成功能力增长的时候，可以让我们了解梦想和现实的差异，懂得如何去适应这个社会，可以推敲出以后的路该如何走……

感恩是一种积极的生活态度。美国犹太教哲学家赫舍尔说："世界是这样的，面对着它，人意识到自己受惠于人，而不是主人身份；世界是这样的，你在感知到世界的存在时，必须作出回答，同时也必须承担责任。"

生活是美好的，也是痛苦的。一个人只有怀着感恩的心态，才会忽视生活的苦难，时刻看到生活的美好。

古代日本的阿伊努人，把小米捣碎做成饼之后，家中的老人要向饼祷告："哦，谷神啊，我们向你礼拜。……你滋养人们吧。我现在吃你。我礼拜你，感谢你。"祷告之后，才能拿起一块饼吃下。

青少年要学会真诚地感谢生活，感激自己所得到的一切，并且以平常心看待生活中的每一件事情，尤其是在遇到困难、遭到不幸的时候，仍然要感谢生活，不怨天尤人，做个生活的主人。

用感激代替抱怨

一位哲人说过，只要活着就值得感谢。一个心存感恩的人应当用感激代替抱怨。

传说，有个寺院的住持，给众僧立下了一个特别的规矩：每到年底，寺里的和尚都要面对住持说两个字。第一年年底，住持问新和尚心里最想说什么，新和尚说："床硬。"第二年年底，住持又问新和尚心里最想说什么，新和尚说："食劣。"第三年年底，新和尚没等住持提问，就说："告辞。"住持望着新和尚的背影，自言自语地说："心中有魔，难成正果，可惜！可惜！"

住持说的"魔"，就是新和尚心里没完没了的抱怨。这个新和尚只考虑自己要什么，却从来没有想过别人给过他什么。像新和尚这样的人在现实生活中很多，他们这也看不惯，那也不如意，怨气冲天，牢骚满腹，总觉得别人欠他的，社会欠他的，从来感觉不到别人和社会对他的生活所做的一切。这种人心里只会产生抱怨，不会产生感恩。哲人说，世界上最大的悲剧和不幸就是一个人总要大言不惭地说，"没人给过我任何东西。"

感恩的人，能够因为心存感谢而得到更多，而报怨的人，连自己拥有的也会因此而失去。

两个行走在沙漠的旅人，已行走多日，在他们口渴难忍的时候，碰见一个赶骆驼的老人，老人给了他们每人半瓷碗水。两个人面对同样的半碗水，一个抱怨水太少，不足以消解他身体的饥渴，抱怨之下竟将半碗水泼掉了；另一个也知道这半碗水不能完全解除身体的饥渴，但他拥有一种发自心底的感恩，并且怀着这份感恩的心情，喝下了这半碗水。结果，前者因为拒绝这半碗水死在沙漠之中，后者因为喝了这半碗水，终于走出了沙漠。

战国的时候，一位逃亡的公子，已经几天没有吃饭了。当他的手下向一位农夫乞讨食物的时候，农夫竟然带有侮辱性地抓了一把泥土递给他们。公子本该大发雷霆、连抱怨带责骂地羞辱农夫一番，然而，最奇特的场面出现了——公子恭恭敬敬地接过这把土，顶礼膜拜。他对仆人们说："这是上天要赐予我们土地的征兆啊，让我们一起来感谢吧！"之后，就匆匆上车赶路了。

这位公子就是春秋五霸之一的晋文公重耳。他以感恩的心态，消解了抱怨产生的不良情绪，并将之化为前进的动力，从而鼓舞了自己，也鼓舞了他的追随者，一起努力追求成功。如果他气急败坏地大喊大骂，不但会降低了自己的身份，还会影响到大家追求成功的动力，不仅仅于困难的处境于事无补，反而会招致一种反向效果。

所以，无论现实怎样，我们都不应该抱怨，而要靠自己的努力来改变现状并获得成功。而这种努力恰恰就要建立在我们感恩的心态上。

感恩是战胜困难通往成功的动力，是一种积极的心态。而报怨是一种消极的心态，是通往成功的阻力。

在贫困山区有一个女孩。她有幸考上重点大学，不幸的是父亲在她进校不久，遇车祸身亡，家中无力供她上学，在她准备退学回家时，社会送来了关怀，老师和同学也慷慨捐款捐物。大家的赠物，她舍不得使用，藏在箱子里。每天打开箱子看看这些赠物，就想到自己周围有那么多的关怀、爱心，心中就不由得产生出一种感激之情。这种感激之情又驱使她去战胜困难，顽强拼搏。这个在物质上贫困的女孩，却变成一个精神的富有者。她心怀感恩，终于读完了大学，还以优异的成绩留学美国。她说："大家给我的一切，是我的精神财富，永远留在我的心里。我要努力学好本领，回报祖国，回报父老乡亲。"人有了不忘感恩之情，就像这位女孩，生命会时时得到滋润，并时时闪烁纯净的光芒。

感恩可以将他人的关爱化成我们成长的动力。我们每个人都应该明白，生命的整体是相互依存的，世界上每一样东西都依赖其他东西。无论是父母的养育，师长的教诲，配偶的关爱，他人的服务，还是大自然的慷慨赐予……人自从有了自己的生命，便沉浸在恩惠的海洋里。一个人真正明白了这个道理，就会感恩大自然的福佑，感恩父母的养育，感恩社会的安定，感恩食之香甜，感恩衣之温暖，感恩花草鱼虫，感恩苦难逆境，就连自己的敌人，也不忘感恩。因为真正促使自己成功，使自己变得机智勇敢、豁达大度的，不是优裕和顺境，而是那些常常可以置自己于死地的打击、挫折和对立面。

挪威著名的剧作家亨利·易卜生把与自己对立的瑞典剧作家斯特林堡的画像放在桌子上，一边写作，一边看着画像，以此激励自己。易卜生说："他是我的死对头，但我不去伤害他，把他放在桌子上，让他看着我写作。"据说，易卜生在斯特林堡目光的关注下，完成了《培尔·金特》《社会支柱》《玩偶之家》等世界戏剧文化中的经典之作。

有了感恩之心，人与人之间才会变得和谐、亲切，而这种感恩之心也会使我们变得愉快和健康。

青少年正处在人格的成长与完善的特殊时期，责任感和感恩的心态还不健全，更容易怨天尤人。有些青少年朋友总是迫不及待地收下生活惠赐给自己的一切，但当它变得不再轻松愉快的时候，就立刻抱怨它。

一些青少年抱怨家庭条件不好，没有钱买名牌的服装，未来的成功只能靠自己艰苦奋斗；

有的青少年抱怨学业繁重，没有时间放松和休息；

还有的青少年抱怨事业没有着落，一切都显得太渺茫而无从下手；

……

但是似乎很少有人再深一步思考，抱怨就能让成功的道路平安坦荡了吗？抱怨就能让我们眼前的烦恼烟消云散了吗？

成功本来就是酸甜苦辣的大集合。抱怨只会阻挡我们前进的车轮，让我们失去翻山越岭的勇气，只能让我们站在原地捶胸顿足，甚至改弦易辙。既然成功离不开苦难的点缀，我们就要以乐观、豁达、勇敢的态度去面对值得抱怨的处境，仔细地分析解决的办法，才能在磨炼中不断成长。

第十二章

勿以善小而不为：善良的品质

爱是人生最伟大的信念，有了爱才会有一切。爱是快乐和幸福的根源。生活中的爱心越多，生活本身的情趣就会越多，二者是水乳交融、相辅相成的。我们生活中的幸福大都来自于一颗善待别人的心。青少年要在生活中培养自己的爱心，心中有爱，你才会对自己的生活充满热情，你才不会让自己在困境中沉沦，拥有爱心，你的人生才会有幸福和成功。

幸福来自善待别人的心

爱是快乐和幸福的根源，幸福来自于善待别人的心。

有一个国王十分疼爱自己的儿子。这位年轻王子，没有一个欲望和要求不能得到满足，因为他父王的钟爱与权力，可以使他得到一切他所希望得到的东西。可是这位王子还是整天不高兴。这可急坏了国王。

有一天，一个大魔术师走进王宫，对国王说，他有方法使王子快乐，能把王子的愁容变成笑容。国王很高兴地说："假使你能办到这件事，你要求任何赏赐，我都可以答应。"

魔术师将王子领入一间私室中，用了白色的东西，在一张纸上涂了些笔画。他把那张纸交给王子，让王子走入一间暗室，然后燃起蜡烛，注视着纸上呈现些什么。说完，魔术师就走了。

这位年轻的王子遵命而行。在烛光的映照下，他看见那些白色的字迹化作美丽的绿色，变成这样的几个字："每天为别人做一件善事！"王子遵照了魔术师的劝告，并很快就成了这个国家中最快乐的一个少年。

爱心可以为一个人带来快乐。尝试着每天为别人做一件事，不仅能够温暖别人的心灵，而且还可以让你的内心充满乐趣。

好几千年前，在亚洲住着一位国王，名叫克罗伊斯。他统治的王国并不很大，但人民的生活很好，王国以富有著称。克罗伊斯本人据说是当时世界上最富有的人，他是如此的著名，以至于今天，人们还用"像克罗伊斯那样富有"来形容一个人有多么富裕。

克罗伊斯国王占有一切可以使他幸福的东西——土地、房屋、奴隶、精美的衣服以及各种漂亮的东西，他想象不到世界上还有什么其他东西能使他更舒服和满足了。"我是世界上最幸福的人。"他常常这样说。

有一年夏天，来自大海对面的一位伟人正在亚洲旅行。这人名叫所罗门，他是希腊雅典法律的制定者。他以智慧著称，他死后那么多年了，人们对一个博学者的最高称誉还是"像所罗门一样有智慧"。

所罗门听说过克罗伊斯，因此，有一天，他到克罗伊斯美丽的宫殿里去拜访他。克罗伊斯此时比以前更幸福和骄傲了，因为世界上最智慧的人都到他这儿来做客了。他带领所罗门走进他的宫殿，给所罗门看他的一间间宽大的房子、精美的地毯、柔软的沙发、华丽的家具，以及各种图画和书籍。然后，他带所罗门出去看他的花园、果园和马厩，并给他看他从世界各地收集来的许许多多奇异和漂亮的东西。

晚上，当最智慧的人和最富有的人在一起吃饭时，国王对客人说："哦，所罗门，现在请告诉我，你认为谁是世界上最幸福的人？"他希望所罗门说："克罗伊斯。"

智慧的人沉默了一下，然后说："我想到了一位曾经在雅典住过的穷人，名叫特勒斯。我毫不怀疑他是世界上最幸福的人。"

这不是克罗伊斯希望得到的回答，但他掩饰住自己的失望，又问道："为什么你这么想呢？"

"因为，"客人回答，"特勒斯是一个诚实的人，他多年以来一直辛勤工作，养活自己的孩子，并给他们很好的教育。当他们长大了可以独立生活的时候，他就参加了雅典的军队，在为保卫雅典的战斗中勇敢地献出了自己的生命。你能找出一个比他更幸福的人来吗？"

"也许不能，"克罗伊斯回答说，并设法掩饰住了自己已经流露出一半的失望之情。"那么，你认为谁是继特勒斯之后全世界最幸福的人呢？"他现在心里已确信所罗门会回答说："克罗伊斯。"

但所罗门说："我想到了，我认识两个希腊年轻人。他们很小的时候，父亲就去世了，家里很穷。他们像真正的男人一样，努力工作，支撑着整个家庭，养活体弱多病的母亲。他们年复一年地辛勤工作，一心只想着让母亲感到幸福。当他们的母亲逝世后，他们就把自己全部的爱献给了自己的城邦雅典，终生全心全意地为它服务。"

克罗伊斯终于发火了。"你怎么能这么说呢？"他责问道，"你一点也不提我，你认为我的财富和权力一文不值吗？为什么你把这些劳劳碌碌的穷人置于世界上最富有的国王之上呢？"

"哦，国王，"所罗门说，"在你去世之前，没有人能预言你是不是幸福。因为没有人知道灾难是不是会降临到你的身上，没有人知道这些繁华之后会有什么样的不幸来临。"

许多年之后，亚细亚崛起了一位强有力的国王，名叫居鲁士。居鲁士国王有一支强大的军队，他征战各地，征服了许多王国，使它们附属于自己的巴比伦帝国。富甲天下的克罗伊斯国王也无法抵挡他那些强大的武士。于是，克罗伊斯的城邦被占领了，美丽的宫殿被付之一炬，果园和花园被毁坏，珠宝也被抢走了，他本人则做了阶下囚。

"克罗伊斯这个人顽固不化，"居鲁士国王说，"他给我们带来了很多麻烦，使我们牺牲了很多优秀的战士。把他带来，我要处置他，给那些胆敢抵抗我们的小国王们一个警告。"

于是，士兵们抓出了克罗伊斯，把他拖到市场上，非常粗暴地对待他。他们从原先那座漂亮的宫殿的废墟中拣来了一些枯枝和木块，堆成了很大的一堆。然后，他们把那位不幸的国王绑在中间，有一个人便跑出去找火把来点燃。

"我们马上能痛痛快快地看到大火烧身的景象了，"那些残酷的士兵说道，"他的那些财富现在对他一点用都没有了！"

可怜的克罗伊斯遍体鳞伤，躺在那堆木料上，没有一个朋友来安慰他的不幸。此时，他想起了多年前所罗门对他说过的那段话："在你去世之前，没有人能预言你是不是幸福。"他嘴里喃喃地说道："哦，所罗门！哦，所罗门！所罗门！"

刚巧，居鲁士国王骑马经过此处，听到了他的喃喃之语。"他在说什么?"他问士兵们。

"他说，'所罗门！所罗门！所罗门！'"其中一个士兵回答。居鲁士国王于是骑马走近克罗伊斯，并问他："为什么你要叫所罗门的名字?"

起初，克罗伊斯沉默不语。但当居鲁士耐心地问了好多遍以后，他就把所罗门来到他宫廷访问的经过以及所罗门曾经说过的话都告诉了居鲁士。

这个故事深深地触动了居鲁士。他思考着那段话："没有人知道灾难是不是会降临到你的身上，没有人知道这些繁华之后会有什么样的不幸来临。"他怀疑，有一天也许他也会失去所有的权力，落到他敌人的手里。

"我明白了，"居鲁士国王说，"人难道不应该对处于不幸中的人表示仁慈和同情吗？我要像我希望别人对待我那样对待克罗伊斯。"于是，他下令给予克罗伊斯自由，并且从此以后将他待若上宾。

真正的幸福不是财富，不是权力，也不是可以随心所欲、为所欲为，而是来自一颗善待别人的心灵。当你试着对别人付出爱心的时候，你的内心就会充满幸福。

给予比接受快乐

这是守墓人亲身经历的故事。

每周守墓人都会收到一位素不相识的妇人的来信，信中附着钞票，要他每周帮她在她儿子在墓地上放束鲜花，这样的状况持续了很多年。

后来有一天，他们照面了。那天，一辆小车停在公墓大门口，司机匆匆来到守墓人的小屋，说："夫人在门口车上，她病得走不动了，请你去一下。"

一位上了年纪的妇人坐在车上，表情有几分高贵，但眼神哀伤，毫无光彩。她怀抱着一大束鲜花。

"我就是鲁比夫人。"她说，"这几年我每个礼拜给你寄钱……"

"买花。"守墓人答道。

"对，给我儿子。"

"我一次也没忘了放花，夫人。"

"今天我亲自来，"鲁比夫人温存地说，"因为医生说我活不了几个礼拜。死了倒好，活着也没意思了。我只是想再看一眼我儿子，亲手来放一些花。"

守墓人眨着眼睛，苦笑了一下，决定再讲几句："我说，夫人，这几年您常寄钱来买花，我总觉得可惜。"

"可惜?"

"鲜花搁在那儿，几天就干了。没人闻，没人看，太可惜了!"

"你真的这么想的?""是的，夫人，你别见怪。我是想起来自己常去的敬老院，那儿的人可爱花了。他们爱看花，爱闻花。那儿都是活人，可这儿的墓里哪个活着?"

老夫人没有作声。她只是小坐一会儿，默默地祷告了一阵，没留话便走了。守墓人后悔自己的一番话太直率、太欠考虑，这会使她受不了的。

可是几个月后，这位老妇人又忽然来访，把守墓人惊得目瞪口呆：她这回是自己开车来的。老妇人微笑着，显得很开心："我把花送给那里的人们了。他们看到花是那么高兴，这真让我感到快乐! 我的病也好转了，医生都不明白怎么回事，可是我自己明白。"

给予比接受更能给人带来快乐。一个人尝试着把自己的爱心带给别人，他就能够在施予的过程中和他带给别人的快乐中发现自己的快乐。

有一年圣诞节，贝特的哥哥送给他一辆新车作为圣诞节礼物。圣诞节的前一天，贝特从他的办公室出来时，看到街上一名男孩在他闪亮的新车旁走来走去，触摸它，满脸羡慕的神情。看到贝特走过来，小男孩抬起头问道："先生，这是你的车吗？"

"是啊，"贝特说，"我哥哥给我的圣诞节礼物。"

小男孩睁大了眼睛："你是说，这是你哥哥给你的，而你不用花一分钱？"

贝特点点头。小男孩说："哇！我希望……"

贝特认为小男孩要说的是他也希望自己有一个这样的哥哥。但小男孩说出的是："我希望自己也能当这样的哥哥。"

贝特感动地看着这个男孩，然后他问："要不要坐我的新车去兜风？"

小男孩惊喜万分地答应了。逛了一会儿之后，小男孩转身向贝特说："先生，能不能麻烦你把车开到我家前面？"贝特微微一笑，他理解小男孩的想法，坐一辆大而漂亮的车子回家，在小朋友的面前是很神气的事。但他又想错了。

"麻烦你停在前面的台阶那里，等我一下好吗？"小男孩跳下车，快步跑上台阶，进入屋内。不一会儿他出来了，并带着一个比他还小的小男孩。小男孩因患小儿麻痹症而跛着一只脚。他把弟弟安置在下边的台阶上，紧靠着坐下，然后指着贝特的车子说："看见了吗？就像我在楼上跟你说的一样，很漂亮对不对？这是他哥哥送给他的圣诞礼物，他不用花一分钱！将来有一天我也要送给你一辆一模一样的车子，这样你就可以看到我一直跟你讲的橱窗里那些好看的圣诞礼物了。"

贝特的眼睛湿润了，他走下车子，将小弟弟抱到车子前排的座位上，他的哥哥眼睛里闪着喜悦的光芒，也爬了上来。于是三人开始了一次令人难忘的假日之旅。

在这个圣诞节，贝特明白了一个道理：给予真的比接受更令人快乐。喜欢帮助别人的人，会从被帮助者的快乐中找到自己的快乐。

快乐和幸福都是相互的，你对别人付出爱心，别人自然会同样用爱心来回报你。爱心可以产生爱心，善行可以激发善行。

有一个孩子，他不知道回声是怎么回事。有一次，他独自站在旷野中，大声叫道："喂！喂！"附近小山立即反射出他的回声："喂！喂！"他又叫："你是谁？"回声答道："你是谁？"他又尖声大叫："你是笨蛋！"立刻又从山上传来"你是笨蛋"的回答声。孩子十分愤怒，向小山骂起来，然而，小山仍旧毫不客气地回敬他。

孩子气冲冲地回家对母亲诉说，母亲对他说："孩子呀，那是你做得不对。如果你恭恭敬敬地对它说话，它就会和和气气地对待你。"孩子说："那我明天再去那里说些好话。""应该这样，"他的母亲说，"在生活里，不论男女老幼，你对人好，人便对你好；如果你自己粗鲁，就绝不会得到人家的友善相待。"

这位聪明的母亲恰到好处地教会了孩子怎样待人。你对别人充满爱心，用你的行动为别人带来快乐，别人自然也会用爱心来回报你，让你感觉到快乐。更重要的是，你能在给别人关爱的过程中体会到一种真正的快乐。

第十三章

谦卑到泥土里，然后长出花朵：谦逊的品质

谦虚是一种促人进步的力量。一个人只有低头，才能积蓄向上攀登的力量。越是有学识，有成就的人越懂得谦虚，也正是这种谦虚的精神才促成了他们学术和事业上的成功。成熟的稻子懂弯腰。青少年正处于人生的成长期，无论做什么事，都要有一个"空杯"的心态，戒除骄傲和浮躁的情绪，只有这样才能够为未来积蓄更多智慧和力量。

培养谦和的美德

　　谦逊能够带来成功。那些在事业上有所成就的人，无一不拥有谦和的美德。

　　齐白石70多岁的时候，对人说："我才知道，自己不会画画。"人们齐声称赞老人的谦逊。老画家说，我真的不会画画。人们越发称赞，当然没有人相信他说的话。齐白石从古人与造化中看出自己能力的细微，是接近真理的谦逊。

　　巴金也曾经说过：我不会写作……闻者惊诧不已，巴金不会写谁还会写呢？但如果认真地读他的作品，感到巴金的确只是把非说不可的话说出来。

　　牛顿也说过：在宇宙的秘密面前，我只是个在海边拾捡贝壳的儿童。

　　爱因斯坦被推举担任以色列首届总统，被谢辞。他说：我只适合从事与物理学相关的一些工作。

　　这些高明人士的嘉言懿行，以往都被当作谦逊的美德加以赞扬。其实，真正的谜底在于他们的坦诚、真实。他们对自己有一个真正的认识，不会因为别人的崇拜就变得盲目自大，失掉了谦和本性。

　　爱因斯坦因提出相对论而成为举世闻名的科学家。为了科学研究，他的爱好只保留了两项，一个是散步，一个就是拉提琴。在小提琴悠扬的旋律中，爱因斯坦已经如痴如醉。

　　"先生，有一个音是不是拉得太高了？"说这话的是位园艺工，他每周一次来爱因斯坦家帮助修剪草坪什么的。他长相粗俗，一看就知道是个缺乏文化素养的劳动者，天知道他怎么能通晓音乐的。

爱因斯坦这阵子也老觉着拉的小提琴走调儿。他闻声停了下来，饶有兴致地向园艺工讨教起来。

过了一个星期，又到了园艺工上门的时间，他如约向爱因斯坦家走去，却见爱因斯坦笑眯眯地恭候在门口了。"你再听听我拉的小提琴怎样了。"爱因斯坦说完就操起了琴弓。

听完演奏，园艺工又认真地提了些意见。爱因斯坦像个小学生似的边点头边思考。

园艺工突然意识到了什么。

"爱因斯坦先生，我对音乐并非全懂呀！您对拉小提琴如此喜欢，去请一位专家来指导不是更好吗？"园艺工不好意思再当科学家的老师了。

"不，"爱因斯坦连连摇头，"我找过他们，可他们总是夸奖我……"两人就这样成为朋友了。

真正伟大的人物往往都很谦逊。他们不会因为自己是名人就看不起别人，相反他们能够虚心地向身边的人学习，甚至不惜牺牲个人的利益去帮助别人。著名的科学家《物种起源》的作者达尔文就是这样一个热心、谦和的人。

达尔文曾经花了5年时间，随一艘货船作环球旅行，之后，便开始进行物种起源方面的研究。1842年，达尔文将自己的研究成果写成论文初稿，阐述生物进化论的基本观点。

但是，达尔文是一个极为慎重的科学家，他觉得自己的观点不成熟，就把论文放进了写字桌的抽屉里。到了1844年，达尔文把那篇初稿拿出来重新修改，写成第二稿。

写好以后，达尔文还是觉得不成熟，不到发表的时候。于是，他把这篇稿子拿给好朋友——英国著名地理学家赖尔看了一下，征求他的意见。之后又把稿子放进了抽屉。

时间到了1854年，经过十几年的思考和深入研究，达尔文觉得关于物种起源的理论逐渐成熟了，他决心把它详细写出来。可他没想到的是，在 1858 年夏天，一件意外的事情发生了。

达尔文在 3 年前结识了一位叫华莱士的朋友，他曾花了好几年时间在巴西进行考察，后来又到马来群岛进行考察。华莱士在比较岛上和其他地方的动植物过程中也产生了进化论思想。

华莱士把自己的观点写成论文，寄给了达尔文先生。达尔文收到华莱士的论文后，顿时惊呆了：华莱士的观点与他完成的著作竟然"惊人地相似"！

达尔文面临着这样的现实——只要他推荐，华莱士就将抢先得到发明权，而自己从事了 20 年的工作就将属于华莱士！经过慎重考虑，达尔文决定放弃自己 20 年来的研究成果，单独发表华莱士的文章。

然而，深知达尔文研究成果的赖尔和植物学家胡克认为这样做是不公平的。他们早就知道达尔文在着手研究物种起源，也知道达尔文的研究要比华莱士深刻得多。他们既尊重达尔文，也尊重华莱士。

最后，在他们的倡议下，1858 年 7 月 1 日，在林奈学会上，同时宣读了达尔文论文的初稿和华莱士的论文，由此轰动了科学界。

华莱士也是一个很谦虚的科学家，他在读了《物种起源》后，认为达尔文确实比自己高明得多。他提议，把生物进化论定名为"达尔文主义"，他则以自己是一个"达尔文主义者"而感到自豪。

谦虚是一种优良的品质，只有内心谦虚、待人谦和的人才能够赢得别人的尊重，取得较大的成就。无论你理想多么远大，才华多么出众，要想取得成功，就必须养成谦和的美德。

我们看体育比赛，知道一个运动员要跳高，就必须先蹲下，没有人可以直着双腿而跳得高的。一个运动员在田径比赛时，特别是短距离比赛时，要跑得快，就必须先弯下腰，向前倾斜力度更大，因为这样会跑得更快。

真正有大成就者，成大事业者无不是谦虚好学的人。当他们想要骄傲的时候，立即就会想到谦虚，他们会以谦逊的心态去面对任何一件事情、任何一个人。

改掉骄傲的坏毛病

骄傲是每个人都会有的弱点。一些伟人或者成大事的人不过是因为能够理智地控制自己这个弱点。心理学认为，骄傲多半是由于我们对自己认知的过分膨胀。心中无神，目中无人，凡事自以为是的人，通常容易让自己膨胀过头的自信冲昏了头脑，"虚胖的自信"就是自大，它不但欺骗我们自己，而且常常伤害别人。

一天，一位辅导老师应邀到某所学校的特长班进行一场与学生互动式的座谈。

这是个数学特长班。进入这个班的学生入学时就经过精心挑选，学生天资甚高、聪明绝顶，但在待人处世上，个个自视颇高，谁也不服谁。在整个互动座谈中，学生们对这位老师的态度，十分傲慢不恭。

在座谈会结束之前，这位老师从自己的公文包里取出一个铁盒子摆在讲台上，并告诉同学："这个铁盒里，贴了一张全世界最傲慢的动物的相片，有谁可以猜得到，到底是什么动物？"全班同学对老师这个突如其来的问题，大感兴趣，于是有人猜猫、有人猜孔雀，也有人猜狼和狐狸，甚至最后连口袋怪兽皮卡丘的答案都出现了。只见老师对台下同学的答案，都一一摇了头，并向同学说道："现在，每一位同学依序到讲台上，掀开铁盒子看一看，就会知道里面到底贴了什么动物的相片。"谁知，每个上台的人掀开盒子的一瞬间，都愣一下，然后低着头，不发一语地走回自己的座位上，而且谁也不肯告诉别人，自己到底看到了什么。原来，这个铁盒子里面，贴了一面镜子，因此每个同学在盒子里面所看到的"傲慢动物"，当然就是自己。

骄傲意味着无知。

有一个卖吸尘器的推销员对自己的销售业绩很不满意，整日都在苦思改善的办法。有一天他忽然一拍脑袋，想到了一条锦囊妙计。

这一天，他信心百倍地来到一个高级住宅区。推销员看准了一户人家，他按照新构思出来的推销新招式，提着一大桶牛粪，走到锁定目标的门前。

按完门铃之后，等对方一开门，推销员连声招呼都不打，就直接冲进门内，将手中的桶用力一挥，洒了满地的牛粪。

面对女主人一脸愤怒的表情，这位推销员大声地说："夫人，你不用担心。我保证，以我们吸尘器的优越性能，绝对能在10分钟内，把这些牛粪彻底清除干净。如果我们公司的吸尘器办不到，我就把这些牛粪全都给吃了。"

接着，他便站在原地，等待女主人表现出愿意购买的答复。却不料，女主人二话不说，转头便走进厨房。

这位推销员立即紧张地追问女主人道："怎么？你对于我们公司吸尘器的超强功能，没有兴趣吗？"

这时，只见女主人从厨房里拿出酱油和番茄酱，说道："我比较感兴趣的是，你在吃那些牛粪的时候，到底想要加哪一种调味料？"

推销员更为惊讶地说："我根本还没开始操作吸尘器，你怎么知道能不能把那些牛粪完全地吸干净呢？"

女主人轻松地笑着说："事情是这样的，我们今天刚刚搬进来，这屋子根本还没有电，就算你的吸尘器功能再强，我倒要看看怎么能吸。"

一个骄傲自大、自以为是的人往往会因为骄傲自大这个毛病而吃苦头。

一个人能力越大，就越容易骄傲，越容易犯错误。历史上有很多因为骄傲自大而导致失败的例子。其中关羽兵败麦城就是一个最著名的例子。

三国时期，吴主孙权任命大将吕蒙接替鲁肃大都督（三军主帅）

的职位，率军驻扎在陆口（在今湖北嘉鱼西南）。为确保江东的安全，吕蒙向孙权上书，要求主动出击，攻打镇守荆州的关羽。此前，孙权曾经派人去向关羽求亲，希望关羽把女儿嫁给他的小儿子，以联姻换取联盟。关羽不但不答应，反而把使者辱骂了一顿，于是孙权觉得关羽狂妄自大。这次，孙权接到了吕蒙的信，考虑到江东的利益，更觉得非把关羽除掉不可。正好在这个时候，曹操派使者来联络，要联合东吴夹攻关羽。孙权马上复信，表示愿意袭击关羽的后方。

　　吕蒙知道关羽最大的弱点在于骄傲自大，就决心攻他这个软肋。于是本来就经常有病的他装作旧病发作，让孙权正式发布命令，把吕蒙调回去休养，另派了陆逊去接替吕蒙。

　　关羽听到吕蒙病重，又听说新上任的陆逊是个年轻书生，根本没把他当一回事儿。陆逊刚到陆口就派人拜见关羽，献上书信和礼品。信中说："听说将军在樊城水淹七军，远远近近哪个不称赞将军的神威。我是个书生，没有什么本事，很不称职，今后还得靠将军多多照顾。"

　　关羽看了陆逊的书信，觉得陆逊态度谦虚、老实，没什么本事。他本来就不把吕蒙放在心上，这次又换了个更年轻的陆逊，更是打心眼儿里看不起他。于是关羽就放松了警戒，把原来防备东吴的人马陆陆续续调到樊城那边去了。

　　而此时的江东，孙权正悄悄派吕蒙为大都督，命令他迅速袭击关羽的后方……

　　吕蒙到了浔阳（今江西九江西南），把所有的战船都改装为商船，选了一批精锐的兵士躲在船舱里。船上摇橹的兵士则扮作商人，一律穿上商人穿的白色衣服，"商船"向北岸进发了。到了北岸，蜀军守防的兵士一看都是穿白衣的商人，就允许他们把船停在江边。当天夜里，船舱中潜伏的士兵一起偷偷摸进江边岗楼，吕蒙大军就这样神不知鬼不觉地占领了北岸。

　　这时候，曹操派去的援军也发起进攻，使关羽腹背受敌。关羽得知江陵失守，才醒悟对东吴的防备太大意，追悔莫及。他无心恋战，只好带了人马逃到麦城（今湖北当阳市两河乡）。孙权紧追不舍，进军麦城，关羽又带着十几个骑兵往西逃走。孙权早已派兵埋伏在小道上，把关羽十几个骑兵截住，活捉了关羽。关羽不肯投降，一世英雄，就此命丧麦城。

骄傲自大，迟早要吞下失败的苦果，轻敌的关羽就是非常典型的例子。一个人能力强并不代表他可以取得胜利，相反，有很多人就是跌倒在自己的优势上。

一天傍晚，一家旅店住进了三位旅行者。

早上出门的时候，一个旅行者带了一把伞，另一旅行者拿了一根拐杖，第三个旅行者什么也没有拿。晚上归来的时候，拿伞的旅行者淋得浑身是水，拿拐杖的旅行者跌得满身是伤，第三个旅行者却安然无恙。于是前两个旅行者很纳闷，问第三个旅行者："你怎么会没事呢？"

第三个旅行者没有回答，而是问拿伞的旅行者："你为什么会淋湿而没有摔伤呢？"

拿伞的旅行者说："当大雨来临的时候，我因为有了伞就大胆地在雨中走，却不知怎么淋湿了；当我走在泥泞坎坷的路上时，我因为没有拐杖，所以走得非常仔细，专拣平稳的地方走，所以没摔伤。"

然后，他又问拿拐杖的旅行者："你为什么没有淋湿却摔伤了呢？"

拿拐杖的说："当大雨来临的时候，我因为没有带雨伞，便拣能躲雨的地方走，所以没有淋湿；当我走在泥泞坎坷的路上时，我便用拐杖拄着走，却不知为什么常常跌伤。"

第三个旅行者听后笑笑，说："这就是我安然无恙的原因。当大雨来时我躲着走，当路不好时我小心地走，所以我没有淋湿也没有摔伤。你们的失误就在于你们有凭借的优势，认为有了优势便少了忧患，因此才会被雨淋，才会跌伤自己。"

许多时候，我们并不是跌倒在自己的缺陷上，而是跌倒在自己的优势上，因为我们常常警惕自己的不足，而把优势当成自己炫耀的资本，殊不知，一不小心，就会被它玩弄。

第十四章

海纳百川，有容乃大：宽容的品质

　　宽容和忍让能够换来最甜蜜的结果。生活中，冲突和争执在所难免，青少年要学会用和平的方式处理生活中的冲突和争执。一位哲人曾经说过，错误在所难免，宽恕就是神圣。一个人经历过一次忍让，就会多一份宽阔的心胸。多一分宽容，就会多一个朋友，少一个敌人。"海纳百川，有容乃大。"青少年只有学会宽容，身边才能够充满知心朋友和良师。

宽厚容人，不过于苛求别人

古语有云："海纳百川，有容乃大。"做人应当宽厚容人，不过于苛求他人，要善于容人之过，这样你的周围才会充满知心的朋友和良师。

美国著名的人际关系学家卡耐基，和许多人都是朋友，其中包括若干被认为是孤僻、不好接近的人。有人很奇怪地问卡耐基，说："我真搞不懂，你怎么能忍受那些老怪物呢？他们的生活与我们一点都不一样。"卡耐基回答道："他们的本性和我们是一样的，只是生活细节上难以一致罢了。但是，我们为什么要戴着放大镜去看这些细枝末节呢？难道一个不喜欢笑的人，他的过错就比一个受人欢迎的夸夸其谈者更大吗？只要他们是好人，我们不必如此苛求小处。"

卡耐基不愧是人际关系学大师。其实，每个人一半是天使，一半是魔鬼，优点与缺点共存，美丽与丑陋俱在。与人相交，要看好的方面，至于一些小节，诸如生活习惯之类，尽可以睁一只眼闭一只眼。

服装界有名的商人史瓦兹是一个善于容人的经营者，他的成功就和自己善于包容不同个性人才的品格有很大关系。

史瓦兹刚入服装行业的时候，有一次他拿着样衣经过一家小店，却无缘无故地被店主讥讽嘲笑了一通，说他的衣服只能堆在仓库里，再过10年也卖不出去。史瓦兹并未反唇相讥，而是诚恳地请教，这小店主说得头头是道。史瓦兹大惊之下，愿意高薪聘用这位怪人。没想到这人不仅不接受，还讽刺了史瓦兹一顿。史瓦兹没有放弃，运用各种方法打听，方才知道这小店主居然是一位极其优秀的服装设计师，只是因为他自诩天才、性情怪僻而与多位上司闹翻，一气之下发誓不再设计，改行做了小商人。

史瓦兹弄清原委后，三番五次登门拜访，并且诚心请教。这位设计师仍然是火冒三丈，劈头盖脸地骂他，坚决不肯答应。史瓦兹毫不气馁，常去看望他，经常和他聊天并给予热情帮助。最后这位怪人自己也很不好意思，终于答应史瓦兹，但是条件非常苛刻，其中包括他一旦不满意可以随意更改设计图案，允许设计师自由自在的上班。果然，这位设计师虽然常顶撞史瓦兹，让他下不了台，但其创造的效益实在巨大，帮助史瓦兹建立了一个庞大的服装帝国。

这位设计师的脾气不可谓不怪异，甚至有点恃才傲物，但是史瓦兹慧眼识金，懂得他的价值所在，对他的缺点和不足一一宽容，使他帮助自己走上了事业的另一个台阶。

善于容人不仅要容忍他人个性上的缺点，还应当容忍他人行为上的过失。

唐高宗时期有个吏部尚书叫裴行俭，家里有一匹皇帝赐的好马和很珍贵的马鞍。他有个部下私自将这匹马骑出去玩，结果马摔了一跤，摔坏了马鞍，这个部下非常害怕，连夜逃走了。裴行俭叫人把他招回来，并且没有因此而责怪他。

又有一次，裴行俭带兵去平都支援李遮匐，结果获得了许多有价值的珍宝，于是就宴请大家，并把这些有价值的珍宝拿出来给客人看。其中有个部下在抱着一个直径两尺的很漂亮的玛瑙盘出来给大家看的时候，不小心摔了一跤，把盘子摔碎了，顿时害怕得不得了，伏在地上拼命叩头。裴行俭笑着说："你不是故意的。"脸上并无可惜的样子。

裴行俭这种善于容人之失的胸襟不仅化解了风波，而且还赢得了部下的敬重和忠诚。关于容人之过，历史上最有名的是一个楚庄王的故事。

被称为春秋五霸之一的楚庄王，有一次宴请群臣，要大家不分君臣，尽兴饮酒作乐。正当大家玩得高兴时，一阵风吹来，灯火熄灭，全场一片漆黑。这时，有人乘机调戏楚庄王的爱姬，爱姬十分机智，扯下了这个人的冠缨，并告诉楚庄王："请大王把灯火点燃，只要看清谁的冠缨断了，就可以查证出谁是调戏我的人。"群臣乱成一片，以为定会有人丧命。可是，楚庄王宣布："请大家在点燃灯火之前都扯下自己的冠缨，谁不扯断冠缨，谁就要受罚。"

当灯火再燃起来的时候，群臣都已经拔去了冠缨，那个调戏爱姬的人自然无法查出。大家都舒了一口气，又高兴地娱乐起来。

两年以后，晋军进攻楚国。这时，一名将军勇往直前，杀敌无数，立了大功。楚庄王召见他，赞扬他说："这次打仗，多亏了你奋勇杀敌，才能打败晋军。"这个将领泪流满面地说："臣就是两年前在酒宴中调戏大王爱姬的人，当时大王能够重视臣的名誉，宽容臣的过错，不处罚臣，还给臣解围，使臣感激不尽。从那以后，臣就决心效忠大王，等待机会为大王效命。"

古语云："大度集群朋。"一个人若能有宽宏的度量，他的身边便会集结大群知心朋友。大度，表现为对人、对友能"求同存异"，不以自己的特殊个性或癖好律人。除此之外，大度还要能容忍朋友的过失，尤其是当朋友对自己犯有过失时，能不计前嫌，一如既往。

概括起来，大度容人主要可以分为以下几个方面：

1. 容人之长

人各有所长，取人之长补己之短，才能相互促进，事业才能发展。相反，有的人却十分嫉妒别人的长处，生怕同事和部属超过自己而想方设法进行压制，其实这种做法是很愚蠢的。

2. 容人之短

金无足赤，人无完人。人的短处是客观存在的，容不得别人的短处势必难以共事。

3. 容人个性

由于人们的社会出身、经历、文化程度和思想修养各不相同，所以人的性格各异。因此容人从根本上来说就是要接纳各种不同性格的人，这不仅是一种道德修养，也是一门艺术。从历史上看，许多领袖人物，都是善于团结各种不同性格的人共同工作的典范。

4. 容人之过

"人非圣贤，孰能无过。"历史上凡是有作为的伟人，多数都能容人之过。

5. 容人之功

别人有功劳，本应该感到高兴，但有的人心胸狭窄，生怕别人功劳大会对自己构成威胁。只有那些以国家、民族利益为重，胸怀开阔的人才能做到容人之功。

原谅别人的冒犯

美国著名的拳王乔·路易，勇猛过人，曾打败过很多实力强劲的对手。他平时为人十分谦和，与赛场上凶狠霸气的模样完全不同。

有一天他和朋友骑车一起外出，在路上被一辆货车撞了一下。货车司机下了车，怒气冲冲地把他们痛骂了一顿。

等货车司机走了以后，他的朋友问他为什么不修理那个家伙？

乔·路易微微一笑，回答说："如果有人侮辱了歌王卡罗索，你想卡罗索会为他唱一首歌吗？"

面对别人的伤害和冒犯，要保持宽容和冷静，不要轻易出手反击，这既是对别人的一种容忍，也是对自己的一种尊重。

洛克菲勒本来有一个很好的机会可以好好教训一个冒犯了他的职员，但事实上他没有那样做。

事情是这样的，年轻的洛克菲勒空闲的时间很少，所以他总是将一个可以收缩的运动器（一种手拉的弹簧，可以闲时挂在墙上用手拉扯的）放在随身的袋子里。有一天，他走到自己的一个分行里去，这里的人都不认识他。他说要见经理。

有一个神色傲慢的职员见了这个衣着随便的年轻人，便回答说："经理很忙。"

洛克菲勒便说，等一等不要紧。当时待客厅里没有别人，他看见墙上有一个适当的钩子，洛克菲勒便把那运动器拿出来，很起劲地拉着。弹簧的声音打搅了那个职员，于是他急忙跳起来，气愤地瞪着他，冲着洛克菲勒大声吼道："喂，你以为这里是什么地方啊，健身房吗？这里不是健身房。赶快把东西收起来，否则就出去。懂了吗？"

"好，那我就收起来罢。"洛克菲勒和颜悦色地回答着，把他的东西收了起来。5分钟后，经理先生来了，很客气地请他进去坐。

那个职员马上蔫了，他觉得他在这里的前程肯定是断送了。洛克菲勒临走的时候，还客气地和他点了点头，而他则是一副不知所措的惶恐样子。他觉得洛克菲勒肯定会惩罚自己的无礼举动，于是便忐忑不安地等待着处罚。

但是过了几天什么也没有发生。又过了一星期，再过一星期，也还是没有事。过了三个月之后，他忐忑不安的心才慢慢平静下来。现在很明显，因某种不可理解的缘故，洛克菲勒是没有把这件事放在心上的。当然，原因也许是因为洛克菲勒有许多别的重要事情要做，他没有闲工夫为自己的尊严被下属职员所损害这种区区小事操心。

一个胸襟宽阔的人是不会因为他人的冒犯和无礼而勃然大怒的，相反，他们会很温和谦恭地对待那些冒犯他们的人。

亚历山大大帝骑马旅行到俄国西部。一天，他来到一家乡镇小客栈，为进一步了解民情，他决定徒步旅行。当他穿着没有任何军衔标志的平纹布衣走到一个三岔路口时，记不清回客栈的路了。

亚历山大无意中看见有个军人站在一家旅馆门口，于是他走上去问道："朋友，你能告诉我去客栈的路吗？"

那军人叼着一只大烟斗，头一扭，高傲地把这身着平纹布衣的旅行者上下打量一番，傲慢地答道："朝右走！"

"谢谢!"大帝又问道，"请问离客栈还有多远?"

"一英里。"那军人生硬地说，并瞥了陌生人一眼。

大帝抽身道别，刚走出几步又停住了，回来微笑着说："请原谅，我可以再问你一个问题吗?如果你允许我问的话，请问你的军衔是什么?"

军人猛吸了一口烟说："猜。"

大帝风趣地说："中尉?"

那烟鬼的嘴唇动了一下，意思是说不止中尉。

"上尉?"

烟鬼摆出一副很了不起的样子说："还要高些。"

"那么，你是少校?"

"是的!"他高傲地回答。

于是，大帝敬佩地向他敬了礼。

少校转过身来摆出对下级说话的高傲神气，问道："假如你不介意，请问你是什么官?"

大帝乐呵呵地回答："你猜?"

"中尉?"大帝摇头说，"不是。"

"上尉?"

"也不是!"

少校走近仔细看了看说："那么你也是少校?"

大帝静静地说："继续猜!"

少校取下烟斗，那副高傲的神气一下子消失了。他用十分尊敬的语气低声说："那么，您是部长或将军?"

"快猜着了。"大帝说。

"殿……殿下是陆军元帅吗?"少校结结巴巴地说。

大帝说："我的少校，再猜一次吧!"

"皇帝陛下!"少校的烟斗从手中一下掉到了地上，猛地跪在大帝面前，忙不迭地喊道："陛下，饶恕我!陛下，饶恕我!"

"饶你什么？朋友。"大帝笑着说，"你没伤害我，我向你问路，你告诉了我，我还应该谢谢你呢！"

卡莱尔说过，"一个伟大的人，总是以他对待小人物的方式，来表示他的伟大。"面对别人的冒犯，一个宽容的人能够时刻保持谦恭有礼的态度，事实上，他们之所以能够取得成功，也是和这种宽容的胸怀分不开的。

第十五章

世界上就怕认真二字：认真的品质

　　毛泽东同志曾经说过，世界上怕就怕"认真"二字，无论做什么事情，只有抱着认真的态度才能够将它做好。青少年要有所成就，就要养成认真细致的品质，形成认真做事的习惯。不积跬步，无以至千里。青少年要成就一番伟业，就必须从身边最容易的事情入手，认真地做好每一件小事。踏踏实实地做好每一件事，你才能够更快地走向成功。

培养认真的做事风格

毛泽东曾经说过，世界上怕就怕"认真"二字，青少年要想取得杰出的成就，就必须养成认真的做事风格。

周恩来位居国家总理之职，官不可谓不大，而他强调的是"关照小事，成就大事"。他一贯要求身边的工作人员尽可能地考虑到事情的每一个细节，最反感"大概""可能""也许"的做法和言语。有一次，在北京饭店举办的涉外宴会上，他问："今晚的点心是什么馅的？"一位工作人员答道："大概是三鲜馅吧。"周恩来总理马上追问："什么叫大概？究竟是'是'，还是'不是'？如果有吃海鲜过敏的客人，出了问题谁负责？"

周恩来总理这种一丝不苟的精神，不仅赢得了中国人民的爱戴，而且赢得了国际友人的尊敬。美国前总统尼克松说："对于周恩来来说，'任何大事都应从小事入手'这一格言，是有一定道理的。他虽然亲自照料每一棵树，但是也能够看到整个森林。"尼克松回忆道："在到北京访问的第二天，我们谈到要去参观长城。周恩来离开了一会儿，通知有关部门清扫通往长城道路上的积雪。"

在日本，河豚被奉为"国粹"，河豚肉质细腻，味道极佳，但这种鱼的味道虽美，毒性却极强，处理稍有不慎就有可能致人死命。在中国，每年中毒、死亡者都达上千人，但同样是吃河豚，在日本却鲜有中毒、死亡的事情发生。

日本的河豚加工程序是十分严格的，一名上岗的河豚厨师至少要接受两年的严格培训，考试合格以后才能领取执照，开张营业。在实际操作中，每条河豚的加工去毒需要经过30道工序，一个熟练的厨师也要花 20 分钟才能完成。但在中国，加工河豚就像做普通菜一样，加工过程随随便便，烹饪过程也没有太多的工序。

加工河豚为什么需要 30 道工序而不是 29 道？我们不得而知，我们知道的是日本人很少有人因吃河豚而中毒，原因就出在工序上，经过 30 道加工工序后，河豚肉不仅味道鲜美，而且卫生无毒害，但粗糙对待工序只会导致严重的后果。从这一点来说，到位的做事风格，一定是经过严格的程序化的做事风格，一定是一板一眼、认真的做事风格。

只有认真才能够将事情做好。青少年要有所成就，就应当学会认真。

王杰是某知名大学的高才生，在某市的外贸公司从事销售业务已经好长时间了。出于对个人"价值实现"问题的考虑，他打算到正在高薪招聘业务员的兴隆贸易公司工作。

因为他这次做外贸从事的具体业务是"做山野菜"，招聘者就考他的业务常识："山野菜中，蕨菜出口主要是针对日本，以前销路非常好，可是近几年日本不要了。为什么？"

"因为菜的质量不好。"

主考官看了看他，摇摇头。

条件非常好的王杰最后没有被录用。后来王杰查到了原因。蕨菜采集的最佳时间只有 10 天左右，在这期间非常鲜嫩好吃，早了不熟，晚了就老了。采好后，要摊开放在地里晾晒 1 天，第二天翻过来再晾晒 1 天，把水分晒干菜晾透，然后再将其成把捆好装箱。等食用时放在凉水里浸泡一下就可以了。

可是当地农民为了多采多卖，把蕨菜采回来，来不及放在地上用阳光晾晒，而是放在炕上，点火加热，这样只用 2 个小时就烘干了。这样加工处理的蕨菜，外表上和阳光晾晒的没有区别，可是食用时，不管放在水里怎么泡，都像老树根一样，又老又硬，根本咬不动。这就是蕨菜质量不好的真正原因。日方发现这个问题后，几次提出警告，急功近利的农民就是不改。结果，人家就再也不从我国进口蕨菜了！

一件不起眼的小事，可以决定一项商界活动的成败和一个企业的存亡，青少年只有养成认真细致的做事风格，才能够在未来的竞争中脱颖而出，做出一番大事业。

李娟是北京广播学院（现为中国传媒大学）的一名毕业生，1990年，她从播音系毕业。作为播音系的学生，能够到中央电视台工作，是最好的出路。李娟在中央电视台实习，而且希望到这儿工作，可到中央电视台实习的不止她一个人。

北京广播学院到中央电视台20多公里，每天早晨，她5点多起床，6点多第一拨离开学校。在赶往城里上班的人群中，她是其中一个。顶着星星最晚回去的，也是李娟。

很快，台里便安排李娟播体育新闻了。

那是4月份的一天，风挺大。李娟录了像，晚上6点多就可以走了，回到学院已经是晚上8点多了。忽然，李娟想起一个字：镐。那个时候韩国下棋的小伙子李昌镐还不是很有名。"镐"有两个读音，一是"gǎo"，一是"hào"。李娟想，这个字有两个读音，就问老同志，这个字怎么读？老同志很果断地说："李昌镐gǎo，李昌镐gǎo！"实习生就跟着来吧，李娟就念："李昌镐gǎo……"

回到学院，李娟还在琢磨这事儿。买饭的时候，跟同学磋商，同学说，应该念"hào"！李娟说，我也觉得应该念"hào"！回到宿舍查字典，地名的时候应该念"hào"，但没有注明人名的时候应该念什么。她还是拿不准，又给一个老师打电话，老师说：念"hào"，没错！

坏了，念"gǎo"了，这怎么办？播音嘛，白字、别字、错字，一定要杜绝！上学的时候，都把一些播音员念白字、错字的经历当笑话讲呀。李娟想，念错字让人当笑话讲也就罢了，正实习呢，出这么大一个错，这还得了！

饭也不吃了，往回赶。风呜呜地刮着。赶到电视台，已经是晚上9点50分了。李娟顾不上休息就来到三层的播音室，把录像带取出来，找到播音员，把"gǎo"改成了"hào"，还不放心，一直看着播完，才放心地走了。

在电梯间，李娟碰到了杨台长。

电梯间里就两个人。李娟知道这是杨台长，就主动打了招呼："杨台长，您好！"

"啊，小姑娘，怎么这么晚才走？"

李娟有点不好意思了，她低声回答："有一个字念错了，我回来改一下。"

杨台长说："你住哪儿啊？"

"住广院。"

"啊，很辛苦啊。"

"没办法，念错了字，就要回来改。"

"好好好，小姑娘工作很认真。"

到了大门口，杨台长上了专车，李娟挤上了公共汽车。

最后，在中央电视台实习的五个学生中，只留下了李娟一个。

只有认真才能够把事情做好。然而我们要养成一丝不苟的习惯，并不是容易的，它需要下一番艰苦的功夫，日积月累，逐渐在实践中形成。严格，不但是一个培养好习惯的过程，其中还包括一个和坏习惯作斗争、改变坏习惯的过程。

要严格必须要艰苦。有些人为什么不愿意严格，为什么害怕严格？除了习惯势力以外，说穿了，最主要的原因就是怕艰苦。因为马马虎虎、敷衍了事，当然要轻松得多，而每事都严格要求，就必须付出艰苦的劳动。比如马克思的名著《法兰西内战》，就遗留下的手稿看，前后共修改过三次，初稿共 3 章 22 节，连《片断》一章算上，共 4 章 27 节，约 6 万字；第二稿被压缩为 7 节，连《片断》算上，共 8 节，约 3.3 万多字；第三稿即正式发表的稿子共 4 节，约 3.7 万字。前后三稿，不仅字数不同，结构、内容也有很大的改变。从这三稿的变化中，我们可以看出马克思对创作有多么严格的要求，而每一次手稿的变化、增删，又要付出多么巨大艰苦的劳动，所以，要真正解决怕严格的问题，必须从解决怕艰苦的问题下手。

下面我们为你列出一些培养认真习惯的方法，供青少年朋友们参考：

1. 形成做事后自我检查的习惯

有些人做完作业后，常常由爸爸妈妈或其他长辈给检查出来，一一指正。这种方法对克服马虎的毛病不但没有好处，还可能导致依赖心理而更加马虎。正确的做法是自己检查、验证做事的效果。特别要培养一次做对的习惯。

2. 自己制订定罚马虎的措施

比如，由于马虎，作业或考试出了问题，取消某项外出游玩的计划，取消一次看电视或电影的娱乐活动；也可以罚自己背诵两段有关认真、不马虎的格言、名言、谚语，或者学讲一个有关的故事。

3. 进行"细活儿"训练

学习、生活中有许多"细活儿"，不认真绝对做不好。对于自己的马虎，通过干"细活儿"，可以克服掉。例如，写正楷字、画工笔画、缝衣服扣子、淘米、挑沙子、择洗蔬菜、计算水电费、动脑筋游戏，等等。有目的地去选这类事情干，经常训练，就会越来越细心。

不要做差不多先生

生活中，"差不多"是很多人的口头禅。它是很多人做事马虎轻率的直接原因。"差不多"是一种看似聪明实际糊涂的做事态度，小则影响一个人的成败，大则关系到整个民族的兴衰。学者胡适先生在著名的《差不多先生传》中对这种"差不多精神"做了生动的刻画，下面的内容就节选自这篇文章：

差不多先生的相貌和你我都差不多。他有一双眼睛，但看得不很清楚；有两只耳朵，但听得不很分明；有鼻子和嘴，但他对于气味和口味都不很讲究；他的脑子也不小，但他的记性不很精明，他的思想也不很细密。

他常常说："凡事只要差不多就好了，何必太精明呢？"

他小的时候，妈妈叫他去买红糖，他却买了白糖回来，妈妈骂他，他摇摇头道："红糖白糖不是差不多吗？"

他在学堂的时候，先生问他："直隶省的西边是哪一个省？"他说是陕西。先生说："错了。是山西，不是陕西。"他说："陕西同山西不是差不多吗？"

后来他在一个钱铺里做伙计，他也会写，也会算，只是总不精细，十字常常写成千字，千字常常写成十字。掌柜的生气了，常常骂他，他只是笑嘻嘻地说："千字比十字只多一小撇，不是差不多吗？"

有一天，他为了一件要紧的事，要搭火车到上海去。他从从容容地走到火车站，结果迟了两分钟。火车已在两分钟前开走了。他白瞪着眼，望着远远的火车上的煤烟，摇摇头道："只好明天再走了，今天走同明天走，也差不多。可是火车公司，未免也太认真了，8点30分开同8点32分开，不是差不多吗？"他一面说，一面慢慢地走回家，心里总不很明白为什么火车不肯等他两分钟。

有一天，他忽然得了急病，赶快叫家人去请东街的汪大夫。家人急急忙忙地跑去，一时寻不着东街汪大夫，却把西街的牛医王大夫请来了。差不多先生病在床上，知道寻错了人，但病急了，身上痛苦，心里焦急，等不得了，心里想道："好在王大夫同汪大夫也差不多，让他试试看吧。"于是这位牛医王大夫走近床前，用医牛的法子给差不多先生治病。不到一刻钟，差不多先生就一命呜呼了。

差不多先生差不多要死的时候，一口气断断续续地说道："活人同死人也差……差……差……不多……凡事只要……差……差……不多……就……好了……何……何……必……太……太认真呢？"他说完这句格言，方才绝气。

这篇著名的文章可谓是道尽了"差不多"思想的危害。青少年在做事和学习上的不严格要求，并不是一日两日就见危害的，所以也往往为有些人所忽视。但是，"差之毫厘，失之千里"。开始差不多，天长日久，积少成多，几年、十几年、几十年以后，学习上马虎、不严格的人，比起那些严格要求的人来就差得多了。这是我们应该切记的。

粗心马虎、做事差不多就行的习惯是可以改变的。下面就是几种改掉马虎习惯的方法，可以帮你去掉"差不多先生"的"头衔"。

1. 集中精力，重视眼前

把注意力集中在我们的现实世界中，不要太多地追悔过去，不要沉溺于冥想未来，而应全力以赴把握眼前，重视当下的学习和生活。

2. 排除干扰，稳定情绪

每个人的心理能量都是有限的，如果被过多杂务干扰，心绪烦乱，情绪不稳，我们就容易涣散注意力，就很难做到全神贯注。要真正做到细心谨慎，必然要处理好自身的各种心理困惑，保持一颗平静的心，正所谓"宁静而致远"。

3. 赋予自己责任，切实用心

任何事情，都是事在人为。同样一件事，能够敢负责任、切实用心，就可能成就一篇杰作；如果毫不在乎，不当回事，就可能竹篮打水一场空。只要能够负起责任，油然而生一种神圣的责任感和使命感，就有可能激发我们全部的智慧，调动我们无穷的潜力。因此从这个意义上说，细心很大程度上依赖于责任心。

4. 培养兴趣

我们深知，一旦自己对于某事有了浓厚兴趣，常能乐此不疲、流连忘返，也就能够精心钻研、细心考量。如果缺乏兴趣，就容易心猿意马、朝三暮四，难以做到持久的静心、细心，更不可能保持足够的耐心。我们理应认识到自身优势，做自己想做又能做的事情，然后将潜力发挥到极致，才能真正维持住持久的细心。

第十六章

每天超越自己多一点：积极进取的品质

在我们的成长过程中，总有一种神秘的力量在推动着我们追求更高的理想，这种力量，就是我们的进取心。进取心是一个人向上的动力，人生在世就应当努力进取，只有这样，生命的价值才能够不断地升华。进取心代表了一个人的发展方向和他所能达到的人生高度。人一旦养成一种不断自我激励，始终向着更高目标前进的习惯，进取心就会成为一种强大的自我激励力量，它会使我们的人生变得更加崇高。

每天都是一个新起点

有一天，池沼向在自己身边奔流而过的河流问道："你整天川流不息，一定累得要命吧！你一会儿背着沉重的大船，一会儿负着长长的水筏，在我眼前奔流而过。小船小划子更不用说了，它们多得没有个穷尽。你什么时候才能抛弃这种无聊的生活呢？像我这样安安逸逸的生活，你找得到吗？我是一个幸福的闲人，舒舒服服、悠悠闲闲地荡漾在柔和的泥岸之间，好比高贵的太太们窝在沙发的靠枕里一样。大船小船也罢，漂来的木头也罢，我这儿可没有这些无谓的纷扰；甚至小划子有多重我都不知道，至多偶尔有几片落叶飘浮在我的胸膛上，那是微风把它们送来和我一起休息的。一切风暴有树林挡住，一切烦恼我也沾染不上，我的命运是再好不过的了。周围的尘世不断地忙忙碌碌，我却躺在哲学的梦里养神休息。"

"哲学家，你既然懂得道理，可别忘了这条法则，"河流回答，"水只有流动才能保持新鲜，我成了伟大壮阔的河流就是因为我不躺在那儿做梦，而是按照这个法则川流不息。结果呢，我的源源不绝的水，又多又清的水，年复一年地给人们带来了幸福，因而赢得了光荣的名誉，或许我还要世世代代地川流不息下去。那时候，你的名字就不会有人知道了。"

多年以后，河流的话果然应验了，壮丽的河仍旧川流不息，池沼却一年浅似一年。池沼的表面浮着一层黏液，芦苇生出来了，而且生长得很快，池沼终于干涸了。

这个故事告诉我们这样一个道理：水只有在流动中才能够保持新鲜，人只有不断进取的状态下才能够永葆生命的活力。既然生命不息，那就应该不断进取，超越自我。

在日常生活中，我们都有这样的感觉：好像每天都在做同样的事情。今天是昨天的重复，明天又是今天的翻版，既单调又平凡。

但如果每天只是这样翻来覆去地延续，人生就毫无希望、毫无意义了。日本著名企业家松下幸之助先生认为，倘若希望实现繁荣、和平与幸福，生活不应是单调的反复。今天应该比昨天进一步，明天则比今天进一步，也就是每天要有生成发展。那么生成发展到底是什么？对人生的意义又在何处？

按松下幸之助的理解，所谓"生成发展"，就是日新月新，每一刹那都是新的人生，每一刹那都有新的生命在跃动。这就是旧的东西灭亡，新的东西诞生的历程。世间的一切事物没有一刻是静止的，它不断在运动、不断在变化。这种运动和变化是随着自然法则进行的，是不可动摇的宇宙哲理。

假定生成发展是自然法则，那么每天的生活，就必须经常保持新的创意和发明。有句俗语"十年如一日"，这是说十年的努力就好像一天的努力那样充满活力。它强调的是勤劳、努力与毅力这种精神，并不是说在这过程中不要有任何进步。这种十年如一日的努力，一定会产生非常新颖的创意和进步。假如大家的工作十年来没有任何变化，而是千篇一律，那么就违反了生成发展的原理。松下幸之助曾举例说明这个道理。

明治维新时，功臣之一的坂本龙马常和西乡隆盛长谈，坂本的谈话内容和观念每次都有一点改变，使西乡隆盛每次的感受也都不一样。于是，西乡就对他说："前天，我遇到你的时候，你所讲内容和今天又不一样，所以你说的话，我有所存疑。你既然是天下驰名的志士，受到大家的尊敬，就应该有不变的信念才行。"坂本龙马就说："不，绝对不是这样的。孔子说过'君子从时'，时间不停地流转，社会情势也天天在变化，昨天的'是'，成为今天的'非'，乃是理所当然。我们从'时'，便是行君子之道。"接着又说："西乡先生，你对一个事物一旦认为是这样，就从头到尾遵守到底，将来你一定会变成时代落伍者。"

生命不息，前进不止。对于一个积极进取的人来说，每一天都是崭新的起点。如果你能时刻保持进取的心态，每天都要求自己比以前有所进步，时间长了，你就能够成为一个十分优秀杰出的人。

超越自我，和自己比赛

很多年前，有一群熊，欢乐地生活在一片树木茂密、食物充足的森林里，它们在这里繁衍子孙，同其他动物友好相处。后来有一天，地球上发生了巨大变化，这片森林被雷电焚烧，各种动物四散奔逃，熊的生命也受到威胁。其中一部分熊提议说："我们北上吧，在那里我们没有天敌，可以使我们发展得更强大。"另一部分则反对："那里太冷了，如果到了那里，只怕我们大家都要被冻死、饿死。还不如去找一个温暖的地方好好生存，可供我们吃的食物很多，我们也会很容易生存下来。"争论了半天，谁也说服不了谁，结果，一部分熊去了北极边缘生活，另一部分则去了一个四季温暖、草木繁茂的盆地居住下来。

到了北极边缘的熊，由于气候寒冷，它们逐渐学会了在冰冷的海水中游泳，还学会了潜入水下、到海水中捕食鱼虾，甚至敢与比自己体积还大的海豹搏斗……长期下来，它们的身体比以前更大、更重、更凶猛。这就是我们现在看到的北极熊。

另一部分熊到了盆地之后才发现：这里的肉食动物太多了，自己身体笨重，根本无法和别的肉食动物竞争，便决定不吃肉了，改为吃草。没想到这里的食草动物更多，竞争更激烈。草也吃不成了，只好改吃别的动物都不吃的东西——竹子，这才得以生存下来。渐渐地它们把竹子作为自己唯一的食物来源。由于没有其他动物和它们争抢食物，它们变得好吃懒动，体态臃肿不堪，就演化成了我们现在看到的大熊猫。但后来竹林越来越少，大熊猫的数量也越来越少，几乎濒临灭绝，只能被关在动物园里，靠人类的帮助才能生存。

熊的遭遇如此，每个人的人生又何尝不是这样呢？如果自己不主动去竞争，迟早也会和大熊猫的遭遇一样，被别人排挤，甚至被别人吃掉。

中国有句古话叫作"胜人者有力，自胜者强"，告诉我们：一个人只有战胜自己、超越自己，才能够成为一个真正的强者。一个人超越不了自己，就谈不上超越别人。这不但不利于自己人生的发展，也很难在竞争激烈的社会上立足，最终只能为时代大潮所抛弃。

有一位曾经远近闻名的老中医，由于其医术高超，所以前来就诊的人络绎不绝。但是他有一个毛病，那就是诊病下药一贯奉行传统的老法子，从医多年毫无进取创新，于是渐渐步入没落之途了。他明明应该把门面重新漆一漆，明明应该去买些新发明的医疗器械及最近出现的特效药品，但他舍不得花钱。他从不肯稍微花些时间来看些新出版的刊物，更不肯稍费些心机去研究实验种种最新的临床疗法。他所施用的诊疗法，都是些显效迟缓、陈腐不堪的老套；他所开出来的药方，都是不易见效、人家用得不愿再用了的老药品。他一点也没留意到，在他诊疗所附近早已来了一位年轻医生，有最新最完善的设备，所用的器械无不是最新的；开出来的药方，都写着最新发明的药品；所读的都是些最新出版的医学书报。同时诊所里的陈设也新颖完美，病人走进去看了都很满意。于是老医生的顾客，渐渐都跑到这位年轻医生那里去了。等到他发觉了这个情形，已经悔之不及了。"不进步"使他失败，他的诊所从此再也无人问津了。

未来的社会是一个崇尚竞争的社会，只有不断进取、不断挑战和超越自己的人才能够成为最后的成功者。

吴士宏从一个"毫无生气甚至满足不了温饱的护士职业"（吴士宏

语），先后当上 IBM 华南区的总经理，微软中国总经理，TCL 集团常务董事、副总裁，靠的就是这种不断超越自己的进取精神。

外表温文、满脸带笑的吴士宏曾经是北京一家医院的普通护士。用吴士宏自己的话说，那时的她除了自卑地活着，一无所有。她自学高考英语专科，在她还差一年毕业时，她看到报纸上 IBM 公司在招聘，于是她通过外企服务公司准备应聘该公司，在此前外企服务公司向 IBM 推荐过好多人都没有被聘用，吴士宏虽然没有高学历，也没有外企工作的资历，但她有一个信念，那就是"绝不允许别人把我拦在任何门外"，结果她被聘用了。

据她回忆，1985 年，她为了离开原来毫无生气甚至满足不了温饱的护士职业，凭着一台收音机，花了一年半时间学完了许国璋英语三年的课程。正好此时 IBM 公司招聘员工，于是吴士宏来到了五星级标准的长城饭店，鼓足勇气，走进了世界最大的信息产业公司——IBM 公司的北京办事处。

IBM 公司的面试十分严格，但吴士宏都顺利通过了筛选。到了面试即将结束的时候，主考官问她会不会打字，她条件反射地说："会!"

"那么你一分钟能打多少?"

"您的要求是多少?"

主考官说了一个标准，吴士宏马上承诺说可以。因为她环视四周，发觉考场里没有一台打字机。果然，主考官说下次录取时再加试打字。

实际上吴士宏从未摸过打字机。面试结束，吴士宏飞也似的跑回去，向亲友借了 170 元买了一台打字机，没日没夜地敲打了一星期，双手疲乏得连吃饭都拿不住筷子，竟奇迹般地敲出了专业打字员的水平。以后好几个月她才还清了这笔对她来说不小的债务，而 IBM 公司一直没有考她的打字功夫。

吴士宏就这样成了这家世界著名企业的一名最普通的员工。

靠着这种不断超越自我的意识，吴士宏顺利地迈入了 IBM 公司的大门。进入 IBM 公司的吴士宏不甘心只做一名普通的员工，因此，她每天比别人多花 6 个小时用于工作和学习。于是，在同一批聘用者中，吴士宏第一个做了业务代表。接着，同样的付出又使她第一批成为本部的经理，然后又成为第一批去美国本部作战略研究的人。最后，吴士宏又第一个成为 IBM 华南区的总经理。这就是多付出的回报。

1998 年 2 月 18 日，吴士宏被任命为微软（中国）有限公司总经理，全权负责包括香港在内的微软中国区业务。据说为争取她加盟微软，国际"猎头公司"和微软公司做了长达半年之久的艰苦努力。吴士宏在微软仅仅用 7 个月的时间就完成了全年销售额的 130%。

在中国信息产业界，吴士宏创下了几项第一：她是第一个成为跨国信息产业公司中国区总经理的内地人；她是唯一一个在如此高位上的女性；她是唯一一个只有初中文凭和成人高考英语大专文凭的总经理。在中国经理人中，吴士宏被尊为"打工皇后"。

正是这种不断超越自我的精神，成就了吴士宏事业上的辉煌。事实上，超越的意识时刻存在于我们的意识之中，大多数人都从后来的懵懂中学会了关注和审视别人。学习上的尖子、生活中的强者、各个领域的明星人物自然成了我们关注和审视的对象。我们会情不自禁地问自己："为什么他们能够取得如此的成绩，我却总是这样平平庸庸地过活呢？"

我们已经不仅仅局限于对于别人成就的羡慕和徒做无聊的叹息，而更加注重于了解自己的能力和潜质，从而付出努力以争取达到自己理想中的目标。"每个人都会有一片明朗的天空"，我们已经从消极走向了积极，从被动走向了主动，我们不再羞怯、不再遮掩，也不再隐忍，而是将心中的兴奋与激动化作行动、化为汗水，洒在成功的路上。而当我们终于踏上成功巅峰的时候，我们会惊叹自己有如此之大的能耐，有如此之深的潜能，而这在以前只不过是一种梦想罢了。

事实上，这就是超越。

超越是为了更好地完美自己。对于我们来说，超越就是通过超越时间、超越自我、超越他人，从而促使自我的变化，实现自我的人生价值。自我改变和自我超越是相互紧密联系而往复循环的，自我改变导致了本身的超越，而超越同时也使自己得到巨大的改变。

超越自我，积极进取，不断地发展自己、丰富自己。在眼界上，努力地汲取新知识，思考新问题，在个人能力上，不断地否定自己、超越自己，不断地给自己制定新的目标，这样你就能够在未来的社会上成为一个胜利者和成功者。

第十七章

天下没有免费的午餐：勤奋的品质

俗话说，天下没有免费的午餐，要想收获美好的果实，就必须付出辛勤的劳动。勤奋是对成功的最好注解，也是通往成功的必由之路。勤奋是成功的秘诀，懒惰是成功的大敌。青少年要有所成就，就必须克服懒惰。一勤天下无难事，青少年在年轻时养成勤勉努力的习惯，那么这种习惯就会成为你终身受用的法宝，它会伴随着你克服困难，取得人生的成功。

勤奋是克服"先天不足"的良药

勤奋是成功的点金石，是克服先天不足的灵丹妙药。一个勤奋的人，即使一开始没有表现出惊人的天赋和过人的才华，但是只要他能够踏踏实实、坚持不懈，最终将比那些浅尝辄止、反复无常的天才取得更大的成绩。从某种意义上说，天才离不开勤奋就像勤奋离不开天才一样，如果你有着很高的才华，勤奋会让它绽放无限的光彩。如果你智力平庸、能力一般，勤奋可以弥补全部的不足。

爱因斯坦小的时候，有一次上制作课，老师要求每个人做一件小工艺品。课堂上，老师让学生们把他们的制作拿出来，一件一件地检查。当老师走到爱因斯坦面前时，他停住了，他拿起爱因斯坦制作的小板凳（那可不是一件成功的作品）问爱因斯坦："世上难道还有比这更坏的小板凳吗？"

爱因斯坦以响亮的回答告诉老师说："有！"

然后，他又从自己的小桌里拿出了一只板凳，对老师说："这是我做的第一只。"

一个并不手巧的人最后仍然可以成为一个伟大的科学家，不巧的手因勤奋而显得举足轻重。另一个小故事，也能说明这一道理。

古希腊有位演讲家，他的口才很好，每一次演讲都能吸引众多的听众。而他年轻的时候有口吃的毛病，经常受到大家的嘲笑。为了改正这一缺点，他坚持天天练习说话。有的时候就跑到山顶上，嘴里含着小石子，训练自己的口型，摸索发音的规律。正是勤奋不懈的努力使他改掉了口吃的毛病，同时说出了一口流畅悦耳的话，从而实现了做演讲家的梦想。

自身的缺点并不可怕，可怕的是缺少勤奋的精神。自身之拙，可能会成为我们成功路上的障碍。但伟人、名人就是在克服障碍后得到桂冠的。如果我们始终不放弃理想的话，即使是太行、王屋二山那么大的障碍也会被我们用愚公移山的精神，一点点地挖掉。NBA 的球星巴克利就是一个很好的例子。

1963 年 2 月 20 日，巴克利出生在美国阿拉巴马州一个名叫里兹的偏僻小镇。在这只有6000人的贫穷小镇上，巴克利一出生就遭遇了与当时很多贫穷黑人小孩一样的不幸。刚出生 6 个星期，小巴克利就由于患有贫血症而进行了一次全身换血的大手术。幸好手术非常成功，他终究逃离了死神的恶掌，幸运地生存下来。然而，祸不单行，不幸总是喜欢跟贫穷的人们过不去。

小小年纪的巴克利已经有了自己的目标，他要用篮球来让自己逃离贫穷，他有信心，也有决心。但当时很少有人会相信巴克利可以做得到，甚至讥笑他在白日做梦，因为他没有表现出足够的篮球天赋。在高一的时候，巴克利的身高还只有178 厘米，所以他连校队也没能入选，但近 100 公斤的夸张体重让教练不得不建议他去打美式足球。虽然如此，但巴克利还是毫不动摇自己的决心，他坚持每天练球，直到深夜，风雨无阻，毫不理会别人的嘲笑眼光。为了锻炼弹跳力，巴克利每天都在顶端非常尖锐的栏栅跳来跳去，吓得他的母亲和外婆心惊肉跳。他要告诉每一个人，他一定可以实现自己的梦想。母亲格莲姆总是最支持儿子的人，一直在鼓励着巴克利，让他坚持自己的理想。苍天不负有心人，经过一年的苦练，巴克利的球技有了很大的进步，他终于在高二的时候进入了校队。进入校队后，巴克利只能做替补，出场时间少得可怜，但他依旧没有怨言，一上场必倾尽全力，场下他也是训练最刻苦的一个。升高三的那个夏天，巴克利奇迹般地疯长了 15 厘米，体重也增加了 10 公斤。这样，巴克利就有了一个很好的篮球队员的身材，再加上他刻苦练就的一身好球技，到高三的时候，他终于成为了里兹高中篮球队的先发球员。凭着对篮球的热爱，经过不懈的努力，巴克利终于实现了他儿时的梦想。他终于实现了自己对妈妈的诺言，用篮球给妈妈带来美好的生活。

出生在一个一贫如洗的家庭，一个受尽白眼的胖小子坚持自己的理想，遭挫而不折，遇悲能不伤，最后经过自己的努力成功了。巴克利的成长经历就是一个靠勤奋克服自身局限的故事，值得我们每一个人深思。巴克利说："世上大多数人，并不知道该如何才能在芸芸众生中脱颖而出。但我在孩提时代便已经决定无论我做什么，我都一定要成功。记住！只要你下定决心要成功，那么将没有任何人能阻止你。"

天才出于勤奋。古语有云：勤能补拙是良训，一分辛勤一分才。凡是在某一领域被称作天才的人，无一不是经过辛勤的汗水才换来这样的荣誉。

东晋大书法家王羲之被后人誉为"书圣"。在教育儿子王献之习字方面，他也非常强调刻苦。王献之自小就很聪明，每天看到爸爸写字时笔走龙蛇，感到很有意思。于是他就想，爸爸从小就开始写字了，我为什么不能从现在起跟爸爸学写字呢？

王羲之练习书法特别刻苦，有时候在吃饭时他仍然会沉醉在书法之中，甚至会因此而忘记了吃饭。有一次，因为不小心，他把酒杯给碰倒了，但是王羲之并不去扶酒杯，而是伸出手指，蘸着泼在桌上的酒继续画着。献之看见，忍不住笑了："爸爸真是个字疯子！"妈妈见了，严肃地对他说："这有什么好笑的，你爸爸字写得出色，就是因为这样刻苦练出来的呀！"

"爸爸的字一定会超过古代前辈的，真是太让人骄傲啦，我也要像爸爸一样！"小献之很认真地说。

爸爸听了，突然抬起头，问道："孩子，你说的是真的吗？如果你真的想学，那你可得做好吃苦的准备呀！"

"当然是真的，爸爸，你放心吧，我能吃苦，您从现在起教我练字吧。"一向都很贪玩的献之此时一本正经地说。从那以后，献之再也不出去玩了，而是待在家里，安心练字。连小伙伴叫他去游泳他都毫不动心。一个月之后，献之拿了几张"得意之作"交给妈妈看。

"妈妈，你看这是我写的字，你觉得怎么样呀？"

妈妈笑着说："有进步了！"

"那我再这样练三年，是不是就可以赶上爸爸了呢？"

"那还远着呢！"

"五年呢？"

"还远着呢！"

献之有些急了："那究竟要练多长时间才行呀？"

这时，王羲之从书房内走了出来，他用手指了指院子里的大水缸，说："你要能写完像这样的十八缸墨水，那你就有可能追上爸爸了！"献之听了，非常认真地点了点头。

从那天起，他就决定一切都从头开始，从最基本的点、横、撇、捺、钩开始练起。就这样，他足足写了两年。当他再把自己的字拿给爸爸看时，爸爸没作声；他又拿给妈妈看，妈妈也没作声。小献之知道，这说明自己写得并不好，于是他回到自己的房间，继续努力。五年之后，献之又把他写的字拿给爸爸看，没想到爸爸还是不说话，他笑着摇了摇头，拿起笔在一个"大"字下面给添了一个点，这样就成了一个"太"字。

献之又把字拿着让妈妈看。妈妈仔细翻看了一番，最后，指着一个"太"字说："你练了这么多年的字，总算有一点像你爸爸了。"献之听了，心里羞愧极了，这正是爸爸给加上去的那一点呀！献之不得不承认，自己的字和爸爸的相比还差很远哩。

从此以后，王献之一头扎进书房苦习书法，在爸爸的精心指点下，十分刻苦地下起功夫来，终于把那十八缸墨水写光了。功夫不负有心人，王献之的书法一天比一天有进步，终于成为继父亲之后又一个伟大的书法家，和他的父亲一起被称为书法史上的"二王"。

英国画家雷诺兹曾对天才做过这样的阐释：天才除了全身心地专注于自己的目标，工作非常刻苦努力之外，与常人并无两样。如果你想在自己的人生生涯中取得令人骄傲的成绩，就应当像王献之那样，为自己定下一个目标，并为之锲而不舍地努力。

享受劳动的快乐

劳动不仅是生存的必需，而且还是一种乐趣。劳动可以让人体会到生活的意义和乐趣。法国著名画家格勒兹指出，劳动——从事各种有益的职业——乃是打开幸福大门的钥匙。

无数著名人物的亲身经历早已证明了这一真理。

早期的基督教牧师都以亲自参加各种辛苦的体力劳动为荣。圣保罗主张"不劳动者不得食"。他自己一辈子都靠自己的双手辛勤劳作来养活自己，他为自己这样活着而感到荣幸，为自己没有欠下别人一分钱而骄傲。

当圣·波尼法斯到达英国之后，他一只手拿着福音书，另一只手拿着木匠用的尺子。后来，他又从英国辗转到了德国，他还是靠自己的木工这门手艺吃饭。

路德更是这样。路德一生干过许多活计，他干过园艺、建筑、车工工艺和钟表制造，等等。无论干什么，他都极其勤勉，他总是凭自己的劳动去获取面包。

法国新教神学家、古典学者卡佐本有一次在他的一位朋友的一再劝说之下，被迫离开工作去完全、彻底地放松几天。但他享受不了这份清闲，旋即又回到了工作岗位上，他说："我宁可带病坚持工作，也不愿意无所事事，什么事情也不干才是最令人痛苦的事情。"

劳动不仅可以带给我们美好的生活，而且还是快乐之源。大发明家爱迪生在别人眼中是最辛苦的人，但在自己心中他觉得自己是世界上最快乐的人。23 岁时爱迪生开办了自己的工厂，招募了一批工程师、工匠，层出不穷地推出各种电气发明，这些人都热爱自己的工作、迷恋自己充满创造力的头脑和双手，都是工作狂，而爱迪生是"总工作狂"。他每天的睡眠时间不到 4 个小时。他的办公桌就在车间一角，每当取得一项工作突破，他就站起来，跳起非洲大陆的原始舞，嘴里还念念叨叨："这么简单的解决办法，怎么原来没想到。"这已经成了一种标志、一种信号，工人们一看到老板跳舞，就围过来，他们知道又有新鲜事可做了。订单像雪片一样飞来，在不断增加人手的情况下还要日夜开工。工人们没有抱怨，共同的兴趣在他们和爱迪生之间建立了友谊，整个工厂都充满了劳动和快乐的氛围。

劳动是一种赐福，没有劳动的生活就好像是一潭死水，没有一点活力和希望。事实上，真正的幸福绝不会光顾那些精神麻木、四体不勤的人们，幸福只在辛勤的劳动和晶莹的汗水中。只有懒惰才会使人们精神沮丧、万念俱灰，也只有劳动才能创造生活、给人们带来幸福和欢乐。任何人只要劳动，就必然要耗费体力和精力，劳动也可能使人们精疲力竭，但它绝对不会像懒惰一样使人精神空虚、沮丧、万念俱灰。

一位心理学家认为：劳动是治疗人们身心病症的最好药物。马歇尔·霍尔博士认为："没有什么比无所事事、空虚无聊更为有害的了。"一位大主教认为："一个人的身心就像磨盘一样，如果把麦子放进去，它会把麦子磨成面粉，如果不把麦子放进去，磨盘虽然也在照常运转，却不可能磨出面粉来。"

英国圣公会牧师、学者、著名作家伯顿给世人留下了一本内容深奥却十分有趣的书——《忧郁的剖析》，他在书中提出了许多特别独到而精辟的论断。

他指出：精神抑郁、沮丧，总是与懒惰、无所事事联系在一起的。"懒惰是一种毒药，它既毒害人们的肉体，也毒害人们的心灵。"伯顿说，"懒惰是万恶之源，是滋生邪恶的温床；懒惰是七大致命的罪孽之一，它是恶棍们的靠垫和枕头，懒惰是魔鬼们的灵魂……一条懒惰的狗都遭人唾弃，一个懒惰的人当然无法逃脱世人对他的鄙弃和惩罚。再也没有什么事情比懒惰更加不可救药了，一个聪明却十分懒惰的人本身就是一种灾祸，这种人必然成为邪恶的走卒，是一切恶行的役使者，因为他们的心中已经没有劳动和勤劳的地位，所有的心灵空间都让恶魔占据了，这正如死水一潭的臭水坑中的各种寄生虫、各种肮脏的爬虫都疯狂地增长一样，各种邪恶的、肮脏的想法也在那些生性懒惰的人们的心中疯狂地生长，这种人的心思灵魂都被各种邪恶的思想腐蚀、毒化了……"

伯顿对于同一个问题有大量的论述。《忧郁的剖析》这本书的深刻思想也集中体现在该书的结束语中。伯顿在该书的最后部分说："你千万要记住这一条——万万不可向懒惰和孤独、寂寞让步，你必须切实地遵循这一原则，无论何时何地也不要违背这一原则，只有遵循这一原则，你的身心才有寄托和依归，你才会得到幸福和快乐；违背了这一原则，你就会跌入万劫不复的深渊。这是必然的结果、绝对的律令。记住这一条：千万不可懒惰，万万不可精神抑郁。"

劳动是一种负担，同时它也是一种荣誉、一种快乐，更是幸福生活的源泉。年轻人要拥有一个幸福快乐的生活，就应当善于体味劳动的快乐，养成勤劳的好习惯。

第十八章

在心灵播下快乐的种子：乐观的品质

积极的心态导致成功的人生。心理学家认为，决定一个人成功的因素不仅仅是他的能力，更重要的还要看他是否能够始终乐观地看待自己周围的事物，看他在身处逆境时是否依然能够积极乐观地寻找改变逆境的方法。我们每个人都是自己心灵的主宰，也是自己人生的主宰，面对人生的磨难和挫折，我们应当时刻保持积极进取的精神，在乐观中汲取继续走向成功的力量。

在心灵播下快乐的种子

布雷丝说过，真正的快乐是内在的，它只有在人类的心灵里才能被发现。人是自己心灵的主宰，把负面的情绪从心中扫去，把快乐的阳光迎进来，这样的人生才会有美好的色彩。

有一天，天堂里的上帝和天使们召开了一个会议。上帝说："我要人类在付出一番努力之后才能找到快乐，我们把人生快乐的秘密藏在什么地方比较好呢？"

有一位天使说："把它藏在高山上，这样人类肯定很难发现，非得付出很多努力不可。"

上帝听了摇摇头。

另一位天使说："把它藏在大海深处，人们一定发现不了。"

上帝听了还是摇摇头。

又有一位天使说："我看哪，还是把快乐的秘密藏在人类的心中比较好，因为人们总是向外去寻找自己的快乐，而从来没有人会想到在自己身上去挖掘这快乐的秘密。"

上帝对这个答案非常满意。从此，这快乐的秘密就藏在了每个人的心中。心理学家指出，每个人都具备使自己快乐的资源，像谦虚、合作精神、积极的态度，还有爱心，这些特质几乎都可以在每个人的身上找到，只是许多人没有把这些"快乐的资源"运用好而已。

快乐之根就在我们身上，快乐的秘密就在我们心中，每个人都可以通过改变自己的思想来改变自己的生活。

玛丽的生活一直非常忙乱，在亚利桑那大学学风琴，在城里开了一间语言学校，还在她所住的沙漠柳牧场上教音乐欣赏的课程。她参加了许多大宴小酌、舞会或在星光下骑马。有一天早上她整个垮了，她的心脏病发作。"你得躺在床上静养一年。"医生对她说。医生居然没有鼓励她，让她相信她还能够健壮起来。

在床上躺一年，做一个废人，也许还会死掉。她简直吓坏了。不知道为什么她会碰到这样的事情。可是她还是遵照医生的话躺在床上。她的一个邻居鲁道夫先生，是个艺术家。他对玛丽说："你现在觉得要在床上躺一年是一大悲剧，可是事实上不会的。你在思想上的成长，会比你这大半辈子以来多得多。"她平静了下来，开始想充实新的价值观念。她看过很多能启发人思想的书。有一天她听到一个无线电新闻评论员说："你只能谈你知道的事情。"这一类的话她以前不知道听过多少次，可是现在才真正深入到她的心里。她决心只想那些她希望能赖以生活的思想——快乐而健康的思想。每天早上一起来，她就强迫自己想一些她应该感激涕零的事情：她没有痛苦，有一个很可爱的小女儿。她的眼睛看得见，耳朵听得到收音机里播着的优美音乐，有时间看书，吃得很好，有很好的朋友。她非常高兴，每天来看她的人多到使医生挂上一个牌子说，她房里每次只许有一个探病的客人，而且只许在某几个钟点里。

从那时候开始，到现在已经有 9 年了，她过着丰富又很幸福的生活。她非常感激能在床上度过那一年，那是她在亚利桑那州所度过的最有价值，也是最快乐的一年。她现在还保持着当年养成的那种每天早上算算自己有多少得意事的习惯，这是她最珍贵的财产。她觉得很惭愧，因为一直到她担心自己会死去之前，才真正学会怎样生活。

玛丽所学到的这一课正是撒姆耳·约翰博士在 200 多年前所学到的。"养成快乐的习惯，比每年赚 10 万英镑更值钱。"

要养成一个快乐的习惯，我们应当努力培养自己乐观的品格，为自己营造追求快乐的环境。

（1）让自己获得更多的友谊。你要创造条件让自己建立起良好的人际关系，学会怎样进行愉快融洽的人际交往。

（2）让自己行使更多的自主权。把握生活中的各种机会，自己决定选择什么不选择什么。

（3）调整好心态。当陷入痛苦或忧虑之中时，可以采取听音乐、阅读、骑自行车或与朋友交谈等方法，让自己从失望中振作起来，尽快恢复愉快的心情。

（4）控制自己的物质占有欲。欲壑难填，当一个人物质占有欲太强，就极有可能"欲火焚身"，因此，应正确对待自己的物质追求，控制自己的物质占有欲。

（5）培养广泛的兴趣和爱好。为自己多寻求、开发良好的兴趣和爱好，积极参加各种有益的活动，就能使自己快乐起来。

除了要养成乐观的习惯之外，我们还应当学会用积极的情绪来代替消极的情绪。心灵上的"杂草"要以"庄稼"来覆盖，那什么是这种庄稼呢？那就是快乐。著名音乐家鲁宾斯坦也曾经遭遇过失败的打击，甚至他还曾经自杀过，幸好没有成功。事后，他反问自己："为什么我要结束生命？"本来人出生时就是一无所有，没有金钱，没有朋友，也没有亲人，什么都没有，就是赤裸裸地来，而再次失去这些，那又有什么好可惜的，得失本无常，何不给自己一片快乐的天空呢？

要不要快乐是自己决定的：生病时可以快乐，穷的时候可以快乐，甚至死的时候也可以快乐，自己为什么要被外在环境所主导。从自我追问那一刻开始，要让自己活得快乐，就算没有钱或是永远被人瞧不起，还是要保持快乐。

快乐绝对不是有钱人、聪明人、权势人的权利，也许我们很穷，也不聪明，地位更不高，但这并不妨碍我们体验"自己能拥有的快乐"。生命是乐、生活是乐、生气是乐，贫穷也是乐，一切随缘而乐，得看自己能否体验、享受任何时刻所面对的乐趣。只要你愿意，快乐唾手可得；只要你愿意，生活中任何地方、任何时间都有快乐。

人生之路不会是一路平坦，一定会有坎坷。人生低潮、不如意、有变化的时候，你也可以把它看成另一种快乐的埋藏处，有变化生活才有美丽，只要你愿意，快乐就会永远伴随你。

把消极的情绪从心中消除出去，为心灵播下快乐的种子，这样你的人生才会充满快乐。

每天送给自己一个希望

成功学大师拿破仑·希尔说："没有任何东西能够换取希望对于人的价值。当我们面对失败的时候，当我们面对重大灾难的时候，我们都应该将人生寄托于希望，希望能够使我们淡忘自己的痛苦，为我们汲取继续走向成功的力量。

在一个偏僻的村落里，有一位历尽沧桑的老人。由于命运的安排，她几乎经历了一个女人所能遭遇的一切不幸。然而她用一颗满盛着希望的心灵演绎了一个幸福美丽的人生。18 岁时，她嫁给了邻村的一个生意人，可刚结婚不久，丈夫外出做生意，便一去不返。有人说他死在了响马的枪下，有人说他是病死他乡了，还有传说他被一家有钱人招了养老女婿。当时，她已经怀上了孩子。

几年不见丈夫踪影以后，村里人都劝她改嫁。没有了男人，孩子又小，这寡居生活到什么时候是个头？她没有走。她说丈夫生死不明，也许在很远的地方做了大生意，没准哪一天发了大财就回来了。她被这个念头支撑着，带着儿子顽强地生活着。她甚至把家里整理得更加井井有条。她想，假如丈夫发了大财回来，不能让他觉得家里这么窝囊寒酸。

这样过去了十几年，在她儿子 17 岁的那一年，一支部队从村里经过，她的儿子跟部队走了。儿子说，他到外面去寻找父亲。

不料儿子走后又是音信全无。有人告诉她说儿子在一次战役中战死了，她不信，一个大活人怎么能说死就死呢？她甚至想，儿子不仅没有死，而是做了军官，等打完仗，天下太平了，就会衣锦还乡。她还想，也许儿子已经娶了媳妇，给她生了孙子，回来的时候是一家子人了。

尽管儿子依然杳无音信，但这个想象给了她无穷的希望。她是一个小脚女人，不能下田种地，她就做绣花线的小生意，勤奋地奔走四乡，积累钱财。她告诉人们，她要挣些钱把房子翻盖了，等丈夫和儿子回来的时候住。

有一年她得了大病，医生已经判了她死刑，但她最后竟奇迹般地活了过来，她说，她不能死，她死了，儿子回来到哪里找家呢？

这位老人一直在村里健康地生活着，过了百岁的年龄，她依然还做着她的绣花线生意，她天天算着，她的儿子生了孙子，她的孙子也该生孩子了。这样想着的时候，她那布满皱褶与沧桑的脸上，即刻会变成像绣花线一样绚烂多彩的花朵。

希望在任何时候都是一种支撑生命的力量。如果我们不放弃心中的希望，那么苦难都会被我们克服。二战时期，在纳粹集中营里，一个叫安的犹太女孩写过这样一首诗：

这些天我一定要节省，虽然我没有钱可节省

我一定要节省健康和力量，足够支持我很长时间

我一定要节省我的神经、我的思想、我的心灵和我精神的火

我一定要节省流下的泪水

我需要它们安慰我

我一定要节省忍耐，在这些风暴肆虐的日子

在我的生命里我有那么多需要的

情感的温暖和一颗善良的心

这些东西我都缺少

这些我一定要节省

这一切，上帝的礼物，我希望保存

我将多么悲伤

倘若我很快就失去了它们

即使在随时都可能死去的时候，安仍然热爱着生命。她节省泪水，节省精神之火，用稚嫩的文字给自己弱小的灵魂取暖，用坚韧的希望照亮黑暗的角落。

很多人在绝望中死去，而这个当时只有 12 岁的小女孩，终于等到了二战结束，看见了新生的曙光。

希望是什么？是引爆生命潜能的导火索，是激发生命激情的催化剂。每天给自己一个希望，我们将活得生机勃勃、激昂澎湃，哪里还有时间去叹息、悲哀，将生命浪费在一些无聊的小事上呢？

每天给自己一个希望，我们就能够充满士气地面对自己的生活，而不是将时间花费在无尽的悲哀和苦闷上，生命有限但希望无限，每天给自己一个希望，我们就能够拥有一个丰富多彩的人生。

有一位医生医术精湛，生活幸福美满，但不幸的是，在某一天，身体一向很健康的他被诊断患有癌症。这对他可谓当头一棒。他一度情绪低落。最终他不但接受了这个事实，而且他的心态也为之一变，变得更宽容、更谦和、更懂得珍惜所拥有的一切。在勤奋工作之余，他从没有放弃与病魔搏斗。就这样，他已平安度过了好几个年头。有人惊讶于他的事迹，就问他是什么神奇的力量在支撑着他。这位医生笑盈盈地答道："是希望，几乎每天早晨，我都给自己一个希望，希望我能多救治一个病人，希望我的笑容能温暖每个人。"这位医生不但医术高明，做人的境界也很崇高。

希望来自于一颗乐观豁达的心，心怀希望的人，无论自己面临多么恶劣的环境，都能够对未来充满希望。

在美国有一所小学，据统计，该校毕业生在当地警察局的犯罪记录最低，这是为什么？一位研究者通过对该校毕业生的问卷调查，得到了一个奇怪的答案——因为该校的学生都知道铅笔有多少种用途。

在这所学校，新生入学后接受的第一堂课就是：一支铅笔有多少种用途。在课堂上，孩子们明白了铅笔不仅有写字这种最普通的用途，必要时还能用来做尺子画线；作为礼品送人表示友爱；当作商品出售获得利润；笔芯磨成粉后可做润滑粉；演出时也可临时用于化妆；削下的木屑可以做成装饰画；一支铅笔按相等的比例锯成若干份，可以做成一副象棋，可以当作玩具车的轮子；在野外探险时，铅笔抽掉芯还能被当成吸管喝石缝中的泉水；在遇到坏人时，削尖的铅笔还能当作自卫的武器……

通过这一课，学生们懂得了：拥有眼睛、鼻子、耳朵、大脑和手脚的人更是有无数种用途，并且任何一种用途都足以使一个人生存下去。这种教育的结果是，从这所学校毕业的学生，无论他们的处境如何，都生活得非常快乐，因为他们永远对未来充满希望。

一支小小的铅笔有无数种用途，它可以用来画线，做礼品，做润滑粉，甚至还可以用来自卫。同样，我们身体的每一个部分比如眼睛和耳朵也有许多用途，任何一种用途都可让我们生存下去。明白了这个道理，无论处境如何，我们都可以保持积极乐观的心态。

第十九章

用笑脸迎接挫折：坚韧的品质

挫败是成长的阶梯，困境是人生的另一所大学。一个生前没有经历过困难的人，他的生命是不完整的。一个人的成长，就是一连串的磨难和考验，迎接并克服磨难，你就会拥有足够的力量和智慧。困境和磨难就好像是运动器械，可以锻炼人，使人体格强健。青少年要成为未来社会的强者，就应当在生活中磨炼自己坚忍的意志，把不幸和困难当成自己人生最好的教材。

挫折是大自然的计划

著名诗人摩根，在一篇名为《当大自然征召某人时》的诗中，表达了一个伟大的真理，即逆境与挫折实际上是对我们的祝福。

当大自然征召某人时，

刺激了这个人，

训练了这个人。

当大自然想要塑造某个人

让他扮演最高贵的角色；

它全心全意渴望

创造一个如此伟大及勇敢之人

让全世界予以赞扬——

注意它的方法，注意它的方式。

它如何无情地磨炼

它所挑选的人物；

它如何地打击及伤害他

以严重的打击将他改变成

只有大自然能够了解的形状——

同时，他受委屈的心在哭泣，

他举起恳求的双手。

它会妥协，但永不让步，

它接受他的好处……

它如何利用它所选定之人

结合他的每一目标，

以试验他的才能——

大自然知道它自己是怎么一回事。

当大自然想要造就某人，

推动一个人，

唤醒这个人；

当大自然想要命令一个人

执行将来的意愿；

它以所有的技巧加以尝试

以全部心力渴望

完整而伟大地将他创造出来……

我们深信，挫折是大自然的计划，大自然就是通过这种方法，来考验人类，促使他们在磨难中不断成长。大自然偏爱那些努力奋斗的孩子，把高尚的品格、瞩目的成就和优越的地位作为他们战胜挫折的回报。

困境是人生的另一所大学。我们常常羡慕那些含着金汤匙出生的人，他们的老爸不是某某某，就是认识某某某；他们有钱有势，连上学都坐宝马车。

这些当然值得人们称羡，其实你自己也有令人羡慕的地方，如果你能把生活中困境和挫折当成一个磨炼自身意志和成长自我的机会。

从前有一对夫妻，结婚多年一直没有孩子。或许是他们的诚心感动了老天，婚后的第十年，太太竟意外怀孕，生了个儿子。

夫妻俩整日开心得合不拢嘴，把孩子取名叫阿龙，希望他将来功成名就，成为人中之龙。

小阿龙长得白白胖胖，一副讨人喜欢的模样，更是父母眼中的宝贝，爸妈把他无微不至地捧在手心里，舍不得让他遭受到任何一点碰撞。

"孩子，走路时记得要看着脚下，当心别跌倒了。尤其是在瓷砖地板上走路，那上面又湿又滑，特别容易滑倒。还有，走山路时也要看脚下，一不小心踩滑了，说不定你会从山顶上摔下去的。"父母预想了各种状况，总是对着阿龙谆谆教诲，不希望孩子发生意外。

这对慈祥的父母在阿龙 25 岁那年先后去世了。言犹在耳，阿龙没有忘记父母亲千交代、万叮咛的嘱咐，时时刻刻都遵循着父母的指示：当他在街上走路，在山上踏青，在春天的草原里漫游，在神秘的森林里踌躇时，他都小心翼翼地注意不让自己被任何东西绊倒。

从小到大，他几乎从来没有跌倒过，也从来没有扭伤过，更没有碰伤过头，就连踏到水坑的机会也没有。

只是，这样的步步小心并没有使他步步高升，他一直专注于自己的脚下，无论是蓝色的天空、明亮的彩霞，或是闪烁的星星、城市的灯火、人们的笑容，对他而言都只是惊鸿一瞥的影像，他从来不曾凝神留心地细看过。

终其一生，阿龙并没有功成名就，成为人中之龙；他最大的成就，充其量只是从未摔倒而已。

大自然让人们在奋斗的过程中不断成长、壮大与进步。未经磨难，一个人是不可能成功的。

一个人从生到死，就是一连串的成长与考验，并从每一次面对挑战的经验中累积智慧。

爱默生说过："放手去做，你就会有力量。"

迎接磨难并予以克服，你就会拥有所需的足够力量与智慧。如果一个人总是生活在一帆风顺的环境中，没有经历过挫折的磨炼和洗礼，就好像温室里的花朵，一旦脱离了优越的成长环境，就会面临自下而上的困境。

森林中最强壮的树木，并未受到严密的保护，它们必须和环境搏斗，和周围的树木争夺养分才得以生存。

汤姆的祖父以制作马车为生。每回整地播种时，他总会留下几棵橡树，任凭它们在空旷的田地里承受风吹雨打。他这样告诫汤姆：

"那些大自然里努力求生存的橡树，比森林里受到保护的同伴更坚实，更具韧性。祖父用那些饱经风霜的橡木制作车轮，弯成弧形的零件，不必担心会断裂。因为它们受过磨难，有足够的力量承受最沉重的负担。

"磨难同样可以强化人们的意志。大多数的人希望一生平坦顺利，然而，未经磨难与考验，往往会庸庸碌碌过一生。

"我们应该勇于面对逆境，努力奋斗，才会有更多机会。

"磨难迫使我们向前进，否则我们将停滞不前；它引导我们通过考验，获得成功。未经磨难，无法得到任何有价值的东西，简单的事情每个人都可以做到。每一个成功的人，在生活中都经过一番奋斗。人生是不断奋斗的过程，勇于面对困难、克服困难，继续迎接下一个挑战的人，就是最后的赢家。"

汤姆祖父的话指出了挫折在我们人生成长过程中的意义。苦难是人生的大学，挫败是成长的阶梯。伟大人物无一不是由苦难而造就的，一个人如果好逸恶劳，就无法战胜困难，也绝不会有什么前途。一个成功人士说："生前没有经历困难的人，他的生命是不完整的。"

困境好像运动器械，可以锻炼人，使人体格强健，所以，困境是我们成就事业最有利的基础。安德鲁·卡内基说："一个年轻人最大的财富莫过于出生于贫穷之家。"困境本是困厄人生的东西，但经过奋斗而脱离困境，便是无比的快乐。

在困难面前你需要重新站起来

青少年在成长过程中难免会遇到挫折和困难，在困难面前跌倒是很正常的。关键是你能够重新从挫折中站起来，不被困难所击垮。能够承受一次次困难和挫折的人才能够坚持到底，取得胜利。

在一则报道中有这么一个故事：有一群登山爱好者准备征服一座海拔6000米的高山。于是，他们组成一个小分队扎营在海拔2000米的山脚等待天气好转。他们当中有些是专业性的登山运动员，体魄健壮，经验丰富。

天终于晴朗了，微风轻吹，队员们开始行动起来，由经验丰富的队员带领出发了。

在攀登者脚下，高山有种驯服般的宁静，只有峰顶的冰川在阳光下闪着迷人的光辉。每个登山者都沉浸在攀登的乐趣中。他们用手提电台与基地保持着联系，不时地向遥远的家中通话，向亲人叙述他们在高山上所见的美景。

正当他们慢慢接近主峰的时候，灾难悄悄降临了。突然间，乌云翻滚，狂风肆虐，气温骤降。几个经验丰富的登山运动员知道情况不妙，要求大家全力返回。可是，由于在路上逗留时间过长，夜已慢慢逼近，按经验他们已无法下山，只能等营救人员前来。狂风如开堤之水，怒吼而来，许多队员的衣服被风撕破，手套也脱落了……

祸不单行的是，有位队员的腿部被飞石击中，出了大量的血，伤员痛苦地呻吟着。

风越吹越大。严寒也随之降临。伤员极其痛苦地喊："我冷，我冷……"血流出后又很快结成冰。有一个登山者说："现在天色尚未全黑，让我来背他下山，或许他会有救。"

"你这是去找死，营救人员马上会来的。"众人劝他。可是，他还是背起伤员努力向山下走去。

夜幕降临了，山上起了暴风雪，营救人员根本无法上山。第二天，营救人员发现在原处等待救援的人们紧紧挤在一起，已经僵硬了，救援的人员在海拔4000米的地方发现伤员和背着他的人，竟然还活着。

营救人员说在这种天气下能存活下来简直是奇迹。他们分析原因后断定，他们之所以能活着，是因为他们一个晚上都没有停止过高强度的运动。

在困难面前摔倒是难免的，最关键的是你能够重新站起来，并且承受一次又一次的摔倒，即挫折、失败或迷惘，这样坚持到底，才能取得胜利。

作为电影制片人，鲍勃可谓一帆风顺。

鲍勃若是满足于做制片人，也许他真会一帆风顺。然而，他认为，做制片人还不能充分发挥他的才能和创造性。在好莱坞，真正的荣耀属于导演。

他执导了一部片子，评论界众说纷纭，票房很低。导演鲍勃可不像制片人鲍勃那样受人欢迎了。失败接二连三地向他袭来。

一年之内，电影砸锅，朋友抛弃他，婚姻破裂。他从加利福尼亚逃到纽约，过起了隐姓埋名的生活。他疯狂地寻找新的根基，倾家荡产买下了一个套房。"我完全垮了。"他说。

他坐在纽约的套房里，陷入了冥思苦想。面对生活与事业的双重打击，他决定偃旗息鼓，他获得了安宁。

对于鲍勃和那些有成就的人，关键是要控制局面。但是，失败使他完全失控了。也许他没有必要控制，也许他可以改变，也许改变了会更幸福。

最后，鲍勃重新回到了洛杉矶，回到他失败的地方。他怀揣着从未有过的谦卑感回去了。一切都得重新开始，一种完全不同的自我意识支持着他。

他放下面子，从低级的活开始干。"我得倒退三步，才能前进四步。倒退虽然痛苦，却必不可少。"他经常对自己这样说。

鲍勃最终还是重登好莱坞的顶峰，这一次，他既非制片人，亦非导演，而是电影公司的董事。

鲍勃知道自己是幸存者。

鲍勃现在正是轻装上阵。他的价值观非常明确。也许，他会遇到更多的挫折，但他绝不低头。在他看来，成功并不在于重新当上电影公司的总裁，而在于审视自己的生活这一过程。他将这一精神旅程视为最大的成就。

看着鲍勃的精神之旅，你会明白"我完全垮了"对鲍勃来说是错误的，而对你来说，也是错误的。

"失败了再爬起来"，看起来是一句鼓舞危机者最好的话，但是要真正实现起来，需要的是自我鼓励的品质和勇气。有无这种品质和勇气，就直接决定了谁是一个危机者，谁是一个优势者。更为主要的是能在挫败之时看到站起来的希望！

梅西14岁的时候来到美国，因为他从7岁起就跟着裁缝师学缝纫，所以到了美国之后，很顺利地就在一家裁缝店中找到了工作。

到了18岁时，梅西决定要成立一家属于自己的店。

于是，他和弟弟及其他合伙人共同买下了一间礼服店，他信心十足地把所有的积蓄都投资在这里。但是，接下来发生的许多事情，不断地考验着梅西开店的决心。

先是在即将开业的前一天晚上，被小偷偷走了将近8万美元的存货；接下来他再度进的货，又在一场意外大火中付之一炬。

后来，他才发现保险经纪人欺骗了他，根本没有把他支付的保险费支票交给保险公司，所以这场火灾等于没有保险。

更惨的是，可以证明公司存货内容和价值的一位重要证人，却正好在这个时候去世了。

接二连三的打击实在让梅西受够了，他决定到别的裁缝店工作。但是，过了没多久，他渴望拥有自己事业的欲望又开始蠢蠢欲动了。

于是，他再度鼓起勇气，开了一家裁缝兼礼服出租店。这一次，他决定多采纳别人的意见，但在大方向上他依然坚持自己作决定。因为，他始终相信：如果因此跌倒了，是他让自己跌倒的；如果他站了起来，那也是靠自己站起来的。

因为梅西坚持着这个信念，所以不久之后，他的"法兰克礼服出租店"终于成为底特律的知名店铺。

梅西的经历告诉我们，当人生出现挫折和困难时，只要我们坚定成功的信念，不被失败击垮，那么最后等待我们的必将是成功。

昭和四年，日本经济遭遇前所未有的大恐慌。工厂接二连三裁员倒闭，劳资纠纷不断发生。

松下电器自然也受到经济衰退的波及。原本因为国际牌电灯的快速畅销，在不断扩展事务所的情形下员工人数激增，已超过300人，但在不景气的狂风吹袭下，销售量急速锐减，库存已到了满山满谷的地步。这时松下又因病住院，公司交由义弟井植看管。井植等决策阶层在董事会议中都认为，要想渡过这个难关，除了大量裁员之外别无他策，既然销售量减少到以往的1/2，那么只有裁去现有员工的1/2以维持公司生存。

但是松下对此提议大加反对，在不服输的精神感召下，他毅然决定采取缩短工时数的策略。"如果每位员工的工作时数减半，则生产量自然只剩下以往生产额的1/2，但是每个人都还可以保有工作。希望每一位员工把剩下的半天时间用在推广产品销售的工作中，以解决存货的过度积压。"由于每个人都可以继续放心工作，并且收入还有保证，因此全体员工都团结一致，奋发向上，开始为了公司的前景而努力。结果在极短的时间内，库存商品销售一空，自然大家又重回岗位上致力生产，终使松下企业转危为安。之后还向合成树脂业进军，并开发收音机的生产，奠定了后来松下企业发展的基础。

所以，不管遭遇什么危险，切勿心生怯意，意图逃脱，应鼓起勇气面对现实，就会有扭转乾坤、转危为安的情形出现。

第二十章

挑战生命中的不可能：勇敢的品质

成功者与失败者之间的分水岭，有时并不在于他们之间有天地之间的差距，而在于一点小小的勇气。如果一个人内心充满勇气，那么没有什么东西可以阻碍他走向成功。有岛武郎说过，不怕的人面前才有路。青少年在成长的过程中要勇于尝试，敢于挑战自己，勇敢地面对生活中的变化，只有积极勇敢地去拥抱和适应生活中的变化，你才能够在变化中成长。

推开虚掩的成功之门

犹太谚语说："要打开成功之门，必须勇敢地推或者拉。"成功就好比是一扇虚掩着的门，只要我们鼓起勇气，勇敢去尝试，就一定能够获得意外的收获。

在古代波斯（今伊朗）有位国王，想挑选一名官员担当一种重要的职务。

他把那些智勇双全的官员全都召集了来，试试他们之中究竟谁能胜任。

官员们被国王领到一扇大门前，面对这扇国内最大、来人中谁也没有见过的大门，国王说："爱卿们，你们都是既聪明又有力气的人。现在，你们已经看到，这是我国最大最重的大门，可是一直没有打开过。你们之中谁能打开这扇大门，帮我解决这个久久没能解决的难题?"不少官员远远张望了一下大门，就连连摇头。有几位走近大门看了看，退了回去，没敢去试着开门。另一些官员也都纷纷表示，没有办法开门……这时，有一名官员却走到大门下，先仔细观察了一番，又用手四处探摸，用各种方法试探开门。几经试探之后，他抓起一根沉重的铁链，没怎么用力拉，大门竟然开了!

原来，这座看似非常坚固的大门，并没有真正关上，任何一个人只要仔细察看一下，并有胆量试一试，比如拉一下看似沉重的铁链，甚至不必用多大力气推一下大门，都可以打得开。如果连摸也不摸，连看也不看，自然会对这座貌似坚固无比的庞然大物感到束手无策了。

国王对打开了大门的大臣说："朝廷那重要的职务，就请你担任吧!因为你没有限于你所见到的和听到的，在别人感到无能为力时你却会想到仔细观察，并有勇气冒险试一试。"他又对众官员说，"其实，对于任何貌似难以解决的问题，都需要开动脑筋仔细观察，并大胆冒一下险，大胆地试一试。"

那些没有勇气试一试的官员们，一个个都低下了头。

也许，生活当中并不缺少成功的机会，只是我们像故事中的大臣们一样，陷进了固定思维的圈圈之中，不能自拔。思维的框定让人容易产生怯懦的心理，终究无法焕发一丝勇气，最终流于平庸。成功者与失败者之间的分水岭，有时并不在于他们之间有天地之间的差距，而在于一点小小的勇气。当我们超越众人禁锢得有些麻木的思想，勇敢地迈出那一步时，我们会惊喜地发现，原来成功的门对我们从不上锁。

英国皇家学会要为大名鼎鼎的琼斯教授选拔科研助手，这个消息让年轻的装订工人法拉第激动不已，赶忙到规定地点去报了名。但临近选拔考试的前一天，法拉第却被意外地告知，取消了他的考试资格，因为他是一个普通工人。

法拉第愣了，他气愤地赶到选拔委员会去理论，但委员们傲慢地嘲笑说："没有办法，一个普通的装订工人想到皇家学院来，除非你能得到琼斯教授的同意！"法拉第犹豫了。如果不能见到琼斯教授，自己就没有机会参加选拔考试。但一个普通的书籍装订工人要想拜见大名鼎鼎的皇家学院教授，他会理睬吗？

法拉第顾虑重重，但为了自己的人生梦想，他还是鼓足了勇气站到了琼斯教授的大门口。教授家的门紧闭着，法拉第在门前徘徊了很久。

终于，教授家的大门，被一颗胆怯的心叩响了。

院里没有声响，当法拉第准备第二次叩门的时候，门却"吱呀"一声开了。一位面色红润、须发皆白、精神矍铄的老者正注视着法拉第，"门没有锁，请你进来。"老者微笑着对法拉第说。

"教授家的大门整天都不锁吗？"法拉第疑惑地问。

"干吗要锁上呢?"老者笑着说,"当你把别人关在门外的时候,也就把自己关在了屋里。我才不当这样的傻瓜呢!"这位老者就是琼斯教授。他将法拉第带到屋里坐下,聆听了这个年轻人的叙说后,写了一张纸条递给法拉第:"年轻人,你带着这张纸条去,告诉委员会的那帮人说我已经同意了。"

经过严格而激烈的选拔考试,书籍装订工法拉第出人意料地成了琼斯教授的科研助手,走进了英国皇家学院那高贵而华美的大门。

恐惧是每个人在自己的成长过程中都会遇到的现象,它常常会限制一个人的自主性,减少生活的欢乐,妨碍个人的成长。因此,一个心理健全的青年应当摆脱恐惧的枷锁,以年轻人应有的血气和胆量去面对任何艰难危险的事情,努力去做好自己想要做的事。

1968年,在墨西哥奥运会的百米赛场上,美国选手海恩斯撞线后,激动地看着运动场上的计时牌。当指示器打出9.9秒的字样时,他摊开双手,自言自语地说了一句话。

后来,有一位叫戴维的记者在回放当年的赛场实况时再次看到海恩斯撞线的镜头,这是人类历史上第一次在百米赛道上突破10秒大关。看到自己破纪录的那一瞬,海恩斯一定说了一句不同凡响的话,但这一新闻点,竟被现场的400多名记者疏忽了。

因此,戴维决定采访海恩斯,问问他当时到底说了一句什么话。

戴维很快找到海恩斯,问起当年的情景,海恩斯竟然毫无印象,甚至否认当时说过什么话。戴维说:"你确实说了,有录像带为证。"

海恩斯看完戴维带去的录像带,笑了。他说:"难道你没听见吗?我说:'上帝啊,那扇门原来是虚掩的。'"

谜底揭开后,戴维对海恩斯进行了深入采访。

自从欧文斯创造了10.3秒的成绩后,曾有一位医学家断言,人类的肌肉纤维所承载的运动极限,不会超过每秒10米。

海恩斯说:"30年来,这一说法在田径场上非常流行,我也以为这是真理。但是,我想,自己至少应该跑出10.1秒的成绩。每天,我以最快的速度跑5公里，我知道百米冠军不是在百米赛道上练出来的。当我在墨西哥奥运会上看到自己9.9秒的纪录后，惊呆了。原来，10秒这个门不是紧锁的，而是虚掩的，就像终点那根横着的绳子一样。"

后来，戴维撰写了一篇报道，填补了墨西哥奥运会留下的一个空白。不过，人们认为它的意义不限于此，海恩斯的那句话，为我们留下的启迪更为重要。

如果一个人内心充满勇气，那么没有什么东西可以阻碍他走向成功。像法拉第一样，像海恩斯一样，勇敢地打破内心的限制，积极地去尝试，你就能够战胜恐惧走向成功。

勇于冒险，没有尝试就没有成功

成功意味着冲破平庸，而其中的一条捷径就是——敢于冒险。石油大王哈默说过，不会冒险的人永远也不会取得成功。惧怕失败，不冒风险，平平稳稳地过一辈子，虽然可靠，虽然平静，但只是一个悲哀而无聊的人生，一个懦夫的人生，其中最令人痛惜的就是，你自己葬送了自己的潜能。因此，与其平庸地过一生，不如勇敢去冒险和闯荡，做一个敢于冒险的英雄。

有两位少年去求助一位老人，他们问着相同的问题："我有许多的梦想和抱负，但总是笨手笨脚，无从下手，不知道如何才能实现自己的目标。"老人给他们一人一颗种子，细心地交代："这是一颗神奇的种子，谁能够妥善地保存它的价值，谁就能够实现他的理想。"

几年后，老人碰到了这两位少年，顺便问起种子的情况。

第一位少年谨慎地拿着锦盒，缓缓地掀开里头的棉布，对着老人说："我把种子收藏在锦盒里，时时刻刻都将它妥善地保存着。为了这颗种子能够完整地保存，我为它专门建了一个恒温室。我相信它现在仍完好如初，其价值没有任何折损。"老人听后，失望地点了点头。接着第二位少年，汗流浃背地指着旁边的一座山丘道："您看，我把这颗神奇种子，埋在土里灌溉施肥，现在整座山丘都长满了果树，每一棵果树都结满了果实，原来的一颗种子现在变为了千万颗。这就是我实现这颗神奇种子价值的方法。"

老人关切地说："孩子们，我给的并不是什么神奇的种子，不过是一般的种子而已。如果只是守着它，永远不会有结果；只有用汗水灌溉，才能有丰硕的成果。让种子生根发芽，虽然会冒风霜雨雪侵蚀的风险，但正由于经历了这些锤炼，生命才焕发出神奇的力量，种子的价值才真正得到了实现和延续。"

不敢冒险去做，其实是冒了更多的险。有些人很聪明，对不测因素和风险看得太清楚了。不敢冒一点险，结果聪明反被聪明误，所以永远只能过一种平庸的生活。

勇于尝试可以让你发现机会，化危机为转机。有些在平时看似"不可能"的事情，在你的尝试中也可能变成现实。正如一位成功人士所说的那样，尝试可以创造奇迹。

一次，一艘远洋海轮不幸触礁，沉没在汪洋大海里，幸存下来的9位船员拼死登上一座孤岛，才得以幸存下来。

但接下来的情形更加糟糕，岛上除了石头，还是石头，没有任何可以用来充饥的东西，更为要命的是，在烈日的暴晒下，每个人口渴得冒烟，水成为最珍贵的东西。

尽管四周是水——海水，可谁都知道，海水又苦又涩又咸，根本不能用来解渴。现在九个人唯一的生存希望是老天爷下雨或别的过往船只发现他们。

等啊等，没有任何下雨的迹象，天际除了海水还是一望无边的海水，没有任何船只经过这个死一般寂静的岛。渐渐地，8个船员支撑不下去了，他们纷纷渴死在孤岛。

当最后一位船员快要渴死的时候，他实在忍受不住地扑进海水里，"咕嘟咕嘟"地喝了一肚子。船员喝完海水，一点儿觉不出海水的苦涩味，相反觉得这海水又甘又甜，非常解渴。他想：也许这是自己死前的幻觉。便静静地躺在岛上，等着死神的降临。

他睡了一觉，醒来后发现自己还活着，船员非常奇怪，于是他每天靠喝这里的海水度日，终于等来了救援的船只。

后来人们化验这水发现，这儿由于有地下泉水的不断翻涌，所以海水实际上全是可口的泉水。

冒险与收获常常结伴而行。险中有夷，危中有利，要想有卓越的人生，就要敢于冒险。

石油大王哈默的成功就告诉我们这样一个道理：幸运喜欢光顾勇敢的人，巨大的风险往往能够带来巨大的成功。

1956年，58岁的哈默购买了西方石油公司，开始大做石油生意。石油是最能赚大钱的行业，也正因为最能赚大钱，所以竞争尤为激烈。初涉石油领域的哈默要想建立起自己的石油王国，无疑面临着极大的竞争风险。

首先碰到的是油源问题。1960年石油产量占美国总产量30%的得克萨斯州已被几家大石油公司垄断，哈默无法插手；沙特阿拉伯是美国埃克森石油公司的天下，哈默难以染指；如何解决油源问题呢？1960年，当花掉1000万美元的勘探基金而毫无结果时，哈默再一次冒险接受了一位青年地质学家的建议。旧金山以东一片被德士古石油公司放弃的地区，可能蕴藏着丰富的天然气，并建议哈默的西方石油公司把它租下来。哈默又千方百计地从各方面筹集了一大笔钱，投入了这一冒险的工程。当钻到860英尺深时，终于钻出了加利福尼亚的第二大天然气田，估计价值在2亿美元以上。

哈默成功的事实告诉我们敢想敢做敢于尝试，才能取得成功。

与其不尝试而失败，不如尝试了再失败，不战而败是一种极端怯懦的行为。如果想成为一个成功者，就必须具备坚强的毅力，以及勇气和胆略。当然，敢冒风险并非铤而走险，敢冒风险的勇气和胆略是建立在对客观现实的科学分析基础之上的。顺应客观规律，加上主观努力，力争从风险中获得利益，这是成功者必备的心理素质。

在美国经济大萧条最严重时，有一位年轻的艺术家，他全家靠救济金过日子，那段时间他急需要用钱。此人精于木炭画。他画得虽好，但时局太糟了。他怎样才能发挥自己的潜能呢？在那种艰苦的日子里，哪有人愿意买一个无名小卒的画呢？

他可以画他的邻居和朋友，但他们也一样身无分文。唯一可能的市场是在有钱人那里，但谁是有钱人呢？他怎样才能接近他们呢？

他对此苦苦思索，最后他来到纽约一家报社资料室，从那里借了一份画册，其中有美国的一家银行总裁的正式肖像。他回到家，开始画起来。

他画完了像，然后放在相框里。画得不错，对此他很自信。但他怎样才能交给对方呢？

他在商界没有朋友，所以想得到引见是不可能的。但他也知道，如果想办法与他约会，他肯定会被拒绝。写信要求见他，但这种信可能通不过这位大人物的秘书那一关。这位年轻的艺术家对人性略知一二，他知道，要想穿过总裁周围的层层阻挡，他必须投其对名利的爱好。

他决定大着胆子采用独特的方法去试一试，即使失败也比主动放弃强。

他梳好头发，穿上最好的衣服，来到了总裁的办公室并要求见见他，但秘书告诉他：事先如果没有约好，想见总裁不太可能。

"真糟糕，"年轻的艺术家说，同时把画的保护纸揭开，"我只是想拿这个给他瞧瞧。"秘书看了看画，把它接了过去。她犹豫了一会儿后说道："坐下吧，我就回来。"

一会儿，她回来了。"他想见你。"她说。

当艺术家进去时，总裁正在欣赏那幅画。"你画得棒极了，"他说，

"这张画你想要多少钱?"年轻人舒了一口气,告诉他要 25 美元,结果成交了(那时的 25 美元至少相当于现在的 500 美元)。

为什么这位年轻艺术家的计划会成功?答案是显而易见的。

(1)他刻苦努力,精于他所干的行业。

(2)他想象力丰富:他不打电话先去约好,因为他知道那样做会被拒绝。

(3)他敢想敢做:他不想卖给邻居,而去找大人物。

(4)他有洞察力:他能投合总裁对名利的爱好,所以选择了他的正式肖像是明智的,他知道这肯定对总裁的口味。

(5)他有进取心:做成生意后,他又请银行总裁把他介绍给他的朋友。

(6)他敢于另辟蹊径:在采取行动前研究市场,认真估计第一笔生意后的事,他成功了。

当然,最重要的还有他敢于冒险和尝试,敢于做那些在一般人眼中做不了的事情,因此,他才有成功的可能。

敢于冒险是一个人取得成功的重要条件。对于一个前途充满了无限可能性的年轻人来说更是如此。

一个阳光明媚的上午,德国沃兹堡大学偌大的教学楼里只有教师的讲课声和板书的嚓嚓声。这时一位风尘仆仆、连胡子都没来得及刮的年轻人,身背行囊,急匆匆地在教学楼走廊上东张西望,看得出他在找人。

"您是谁?"一位年轻的教授走过来问。

"我刚从苏黎世大学来,我叫伦琴,专程来投奔康特教授的。"

"啊,我就是。"康特教授一边带着他走进办公室,一边说,"你的论文和推荐信,我已经看到了。"

"教授,您不会笑我唐突和年轻幼稚吧,我才 25 岁。"

康特教授亲切地拍拍他的肩膀说:"啊,我也不过 31 岁。"

就这样,伦琴当了康特教授的助教,在名师的熏陶下,4 年后,他便成了小有名气的物理教授，1901 年因发现 X 射线（又称"伦琴射线"）获得了诺贝尔物理学奖。

年轻人的前途充满了机遇和挑战，不畏惧困难和失败，勇敢地接受挑战，敢于冒险和尝试，你就能够拥有一个精彩成功的人生。

第二十一章

成由节俭败由奢：节俭的品质

节俭是致富的秘诀，一个人只有懂得节俭，才能够创造出更多的财富。节俭是人生的导师，也是一个人取得成功的重要保证。如果你养成了节俭的习惯，那么就意味着你具有控制自己欲望的能力，意味着你开始主宰自己，意味着你正在培养一些最重要的个人品质，即自力更生、独立自主，以及聪明机智和独创能力，换言之，就表明你有追求，你将会是一个卓有成就的人。

向伟人学习节俭精神

古今中外，有卓越成就的人，都不是骄奢之人。一个人若想有所成就，就绝不能爱慕虚荣，而应该把勤俭节约作为自己的道德准则、人生追求。骄奢不仅是一条绳索，还是一个深渊，一旦被它束缚，人们就难以迈步向前；一旦掉了进去，就会丧失学习的动力。古往今来，纨绔子弟何时成就过一番事业？俗话说，榜样的力量是无穷的，要养成节俭的品质，我们就应当善于从古今中外的名人身上学习节俭精神，从他们的事例中汲取进步的力量。

宋太祖赵匡胤就是一个十分注重节俭的人。

俗话说："天上神仙府，人间帝王家。"皇帝是一国之主，金银财宝可以任意享用，应该说是人间最富有的。皇帝的女儿是公主，也一定可以打扮得像天仙一般。可是，宋国的开国皇帝赵匡胤就不一样，他不但生活俭朴，反对奢侈，还严格教育子女生活上也讲究俭朴。

有一次，他的女儿魏国长公主，穿着一件羽绣饰的华丽短袄去见他。宋太祖见了很不高兴。他命令女儿回去后马上脱下，以后也再不要穿这样贵重的衣服。

魏国长公主很不理解，噘着嘴巴说："宫里翠羽很多，我是公主，一件短袄只用了一点点。有什么要紧？"

宋太祖严厉地说："正因为你是公主，所以不能享用。你想想，你身为公主，穿了这样华丽的衣服到处炫耀，别人就会仿效。翠羽珍贵，这样一来，全国要浪费多少钱啊！按你现在的地位和生活已经够优越了，你不要身在福中不知福，要十分珍惜才是，怎么可以带头铺张浪费呢？"

公主没办法，只好脱去那件美丽的翠羽短袄，但心里仍然有点想不通。她想，你既然是皇上，又是我父亲，对我要求那么严格，看你对自己要求怎么样？于是，她向宋太祖试探性地问："父皇，您做皇帝时间也不短了，进进出出老是坐那一顶旧轿子，也应该用黄金装饰装饰了！"

宋太祖却心平气和地对女儿说："我是一国之主，掌握着全国的政权和经济，要把整个皇宫装饰起来也能办到，何况只是一顶轿子！古人说得好：'让一人治理天下，不能让天下人供奉一人。'我应该这样做。倘若我自己带头奢侈，必然有更多的人学我的样子。到那时，天下的老百姓就会怨恨我、反对我。你说我能带这个头吗？"

公主一边听着，一边琢磨着每一句话，再看看皇宫里的装饰也很朴素，连许多窗帘都是用青布制作的。公主觉得父亲说的话，确实有道理，于是就诚心诚意地向父亲叩头谢恩。

宋太祖的节俭精神十分让人敬佩。无独有偶，我国伟大的文学家、思想家、革命家鲁迅先生也十分注意节约。

鲁迅先生在北京女子师范大学任教时，学校里许多教授的穿着都十分讲究，可鲁迅先生对穿着打扮毫不在意。平时他只是穿一件褪了色的长袍，脚上穿的也是极普通的棉布橡胶鞋，而且还可以看到鞋子上隐约的有几个裂开的小口子。当他第一次走进课堂时，所有的学生都对鲁迅先生这副"尊容"感到吃惊。

当时，其他教授上课用的都是制作非常考究的皮包，鲁迅先生用的却是一个普通的布包。有一次，一位学生偶尔发现鲁迅先生的布包里有许多用旧信封糊制的信封，便问他这是怎么回事。鲁迅先生解释说："我平时经常收到一些朋友和出版社的信件，看完后觉得把这些信封给扔掉有点可惜了，因此我就将它们拆开，重新糊制了一些信封。"

鲁迅先生逝世之后，并没有留下什么财产，却留给了后人一笔宝贵的精神财富。

我们都知道，两次获得诺贝尔奖金的居里夫人也是一个节俭的典范。她和彼埃尔·居里结婚时的新房里，只有两把椅子，正好一人一把。居里觉得两把椅子未免太少，建议多添几把，为的是来了客人好让人家坐一坐。居里夫人却说："有椅子是好的，可是，客人坐下来就不走啦。为了多一点时间搞科学，还是一把不添吧。"

几度春秋之后，这对没有给自己的新房增添一把椅子的年轻夫妇，却给世界化学宝库增添了两件闪闪发光的稀世珍宝——钋和镭。

从1933年起，居里夫人的年薪已增至4万法郎，但她照样"吝啬"。她每次从国外回来，总要带回一些宴会上的菜单，因为这些菜单都是很厚很好的纸片，在背面书写物理、数学算式，方便极了。她的一件毛料旅行衣，竟穿了二十年之久。有人说居里夫人一直到死"总像一个匆忙的贫穷妇人"。

有一次，一位美国记者追踪这位著名学者，走到村子里一座渔家房舍门前，他向赤足坐在门口石板上的一位妇女打听居里夫人，当她抬起头时，记者大吃一惊：原来她就是居里夫人！

勤俭节约是我们中华民族的美德，是五千年文明古国的优良传统，也是一个人道德高尚的具体表现。从厉行节约的晏婴到"一钱太守"刘宠，从一代名相魏徵到民主革命家孙中山，都为我们留下一份份忧苦万民、勤劳天下的珍贵遗产。老一辈无产阶级革命家鞠躬尽瘁、艰苦朴素的光辉事迹，更是彪炳千秋。中华民族正是具有这种精神，才能生机勃勃、不断繁衍、兴旺发达。青少年要承担起振兴中华的大任，就应当以伟人为榜样，学习他们的节俭精神。

杜绝浪费的坏习惯

现在，很多人看到地上躺着一枚硬币，可能不会再弯腰捡起它了。

孩提时代所吟唱的"我在马路边，捡到一分钱，把它交到警察叔叔手里边"已经成了绝唱。虽然现代生活比以前富裕多了，但是仍然要养成节俭的好习惯，在不该浪费的地方不要浪费，把钱用在真正需要投入的地方，这样才能为我们积攒更多的财富。

王丽是一名在英国读书的留学生，有一次她参加了一个由六人组成的课题小组。课题由她的导师詹妮女士主持。詹妮是一位心直口快的女士。在王丽刚到时，她让王丽为课题的某一项内容写点儿材料。这是导师第一次布置给王丽的任务，王丽很重视，她下定决心一定要全力以赴将它完成。所以王丽认真查阅资料，冥思苦想，经过几天的努力，终于写完了。当她用从系里领来的 A4 纸抄好，兴冲冲地到导师的办公室交差，满以为会得到导师的赞扬，可是没想到，导师的第一句话好像给了她当头一棒："你怎么能用这么好的纸来写呢？这是浪费。你应该用用过的纸的反面写，这种纸只有在打印、复印或抄正式的文稿时才用。"詹妮女士神情严肃，弄得王丽尴尬不已，无地自容。后来很长一段时间里，每当王丽想用干净的白纸打草稿或随便写几个字时，她似乎都能感觉到导师那责备的目光在监视着她。

王丽发现，在英国，学生经常与导师面谈、讨论课题、检查布置学习情况。每次面谈时，导师边讲边作记录，面谈后再将记录拿去复印，然后导师、学生各存一份，待下次见面时要将上一次见面的记录拿来，以让导师检查学生是否完成上次面谈布置的任务，或继续上一次的话题。王丽发现，她的导师詹妮女士用来记录的纸全是已经用过一面的。后来她发现在系里詹妮女士并不是唯一"小气"的人。在系办公室里，总有一大堆"废纸"，这些所谓的废纸，或是因电脑出差错而使打印出现乱码的纸，或是多印的材料、课题表，或是从学生交上来的作业本中撕下未用完的部分。这些"废纸"都是供老师平时随便写写画画用的。虽然老师可以随时不受限制地用没用过的好纸，但老师们都自觉地用办公室里用过一面的所谓的"废纸"。在王丽所在系的每个教师办公室里，都有一个垃圾桶和一个废纸回收箱。教师们从不会将废纸，哪怕是一片小纸屑扔进垃圾箱，而是扔进回收箱。

　　富贵时要不忘节俭，贫困时更不应当"穷大方"。然而常常有些人错把奢侈浪费看作大款作风，大手大脚地挥霍。西晋石崇、王恺斗富，王恺用麦芽糖洗锅，石崇就用白糖当柴烧；王恺用紫色丝绸做成 40 里的步障，石崇就用彩绵织出更华丽的步障 50 里，与其抗衡。奢侈浪费，在我们青少年朋友中也不乏其人，说穿了也只不过是一种爱慕虚荣的愚昧之举罢了！

　　在校园中，浪费现象更是屡见不鲜，例如：水龙头中的长流水，教室、办公室中人去灯不熄，教室外的垃圾桶里可以见到的半新的书包、文具，还没有吃或者没有吃完的水果、点心、牛奶，食堂里每顿倒掉的剩菜剩饭；还有，每到暑假时候，毕业班的同学把还可以穿的衣服当作垃圾丢到垃圾房里……很多青少年之所以浪费是因为他们不懂得劳动的辛苦，不知道东西来之不易。

　　有一次，王强去一个朋友家做客。晚餐时，厨师为朋友的女儿特别做了一盘酸奶油木耳，可是，小女孩一点也不吃，将这盘菜全都倒在了地上，只因为这道菜不合她的口味！从这点可以看出，这个小女孩平时一定是被宠惯了的。

　　看见朋友对这种行为居然视若无睹，王强忍不住说道："真浪费呀！这么好的木耳不吃就倒掉。"

　　"有什么浪费，树林里多的是。要吃的话，明天叫用人再去采就是了。"小女孩说。"可是去采也是很辛苦的呀！你这是不尊重别人的工作。""不会啦！有什么辛苦呢？采木耳是一件很好玩的事呀！"

　　"真的吗？那我们两个人把这个星期采木耳的工作承包下来，怎么样？""好啊！我正想去森林中玩呢！有你和我一起，爸爸一定会答应的。"

　　于是，每天早晨，王强和小女孩去几公里之外的森林采一篮木耳回家。开始的头两天，小女孩兴致很高。第三天她有些受不了了，开始叫苦叫累，第四天就完全不行了。她说，她腰酸背痛不能去了。不过这几天，不管木耳做得味道如何，她都能吃得干干净净，一片不剩。偶尔她的父亲要扔掉一片，她都阻止道："哎！太浪费了，你不知道我采得多辛苦吗？"从此之后她明白了，节约是对劳动的最大尊重，因为一切东西都是来之不易的。

由此可见，只有懂得辛劳的人，才懂得一衣一食一物来之不易，也才懂得俭朴，在工作或事业中才能刻苦顽强。所以，我们就必须在生活中养成勤劳俭朴的习惯。那么如何改掉浪费的毛病，养成勤俭的习惯呢？

（1）正确认识金钱的含义。要懂得钱是什么，钱是怎么来的和怎样正确地对待钱财。

（2）学会花钱。要学会自己买东西，如何用钱，如何选择物有所值的物品。把钱保管好，防止丢失、被窃。养成先认真思考再花钱的习惯，避免盲目消费。可以要求父母让自己"一日当家"、记收支账，这是学会理财、培养节俭品质的好方法。

（3）学会积累。手里的零用钱、压岁钱应该计划使用，适当积累。在存钱、用钱的过程中养成节俭的好品质。

（4）懂得量入为出。必须明白，花钱必须有经济来源，花钱要看支付能力如何。即使家庭经济富裕，也要坚持前面提到的三条标准。

（5）珍惜物品，不浪费。要懂得所吃、所穿、所用来之不易，随意浪费是不珍惜劳动果实、不尊重劳动的表现。经常参加劳动，体会劳动的艰辛。

（6）去掉攀比和虚荣的心理。青少年之所以一踏入社会就花钱如流水，胡乱挥霍，是因为他们从不知道金钱对于事业的价值。他们胡乱花钱的目的只是想让别人觉得自己"阔气"，或是让别人感到他们很有钱。

浪费的原因不外乎三种：一是对任何物品都讲究时髦，比如服饰、日用品、饮食等都想要最好的、最流行的，任何方面都想越阔越好；二是不善于自我克制，不管有用没用，想到什么就买什么；三是有了各种各样的嗜好，又缺乏戒除这些嗜好的意志。总之，他们从来不去考虑加强自身的修养，克制自己的欲望。

如果你是一个挥金如土、毫不珍惜的人，那么你的一生就可能因此而断送。因此，为了自己的将来，我们应当去掉攀比和虚荣的心理，及早养成节俭的好习惯。

第二十二章

编织生命的精彩：热爱生命的品质

一个人只有热爱生命，才能充分地认识到生命的意义和乐趣，实现生命的精彩。有人说："人的生命只有一次，因而生命是宝贵的。"然而，生命的宝贵不仅在于它只有一次，还在于它完全是可以由我们自己来设计的。每个人都是自己生命的设计师，都可以靠自己的选择和行动来实现自己生命的价值。青少年正是人生最美好、最灿烂的时期，这个时期的我们就好像是一朵含苞待放的鲜花，一轮冉冉升起的红日。因此更应当热爱生命，珍视生命的价值，用行动去实现自己生命的精彩。

读懂生命，编织生命的精彩

"生命是世界上最美丽的花朵，它是地球经过漫长的演变而形成了地球上的生命，地球上生命经过漫长的演变而形成了人类的生命，男人和女人爱的结合而形成了个体的生命。热爱生命，每一个生命都有其特定的意义，每一个生命都值得讴歌；热爱生命，因为它不仅属于你，还属于关心爱护你的人；爱护一切的生命，包括地上长的小草，天空中飞着的蜻蜓……"

读了上面这一段赞美生命的散文诗，您是否对自己以及周围自然界丰富而充盈的生命而感动呢？然而，现实生活中很多孩子对生命没有感觉，不少孩子经常说活得"没意思""烦死了"，他们不知道生命的价值和生命产生的过程，有的年纪轻轻就选择了轻生，这对孩子的成长来说是非常可怕和可惜的。

一般来说，处于青春期中的青少年学生有两个危险期，一个是13至14岁间，另一个是15至18岁间。这期间的青少年独立意识与逆反意识同步增强，"敢做别人不敢做的事情"，喜欢并且追求所谓的"轰轰烈烈"，对"自尊"很看重，而对生命却有些漠视。由于对生活、对生命的意义缺乏认识，许多青少年不怕死、不畏死，对自己的生命和家人的期望视若鸿毛。

2004年11月，一架四川航空公司的飞机在昆明国际机场起飞时，两个男孩爬上了飞机右后起落架的吊舱里。飞机起飞后一男孩从飞机起落架掉下后摔死，另一个则随飞机到了目的地重庆，但已经严重冻伤。这位幸存的少年获救后面对媒体时说："看到同伴掉下飞机时，我不难过，我们认识的时间并不长。"当他获知自己的父母即将来接他，他立即神色黯然。他说："死也不愿意回家。"

这两位小男孩对生命的漠视反映出我们在青少年教育方面的一个重大的缺陷。没有对青少年进行正确的生命教育。

青少年正是人生中最美好、灿烂的时期，这时的我们，是一朵含苞待放的鲜花，是一轮冉冉升起的红日，是祖国未来的希望。然而，由于青少年正处于人生观、世界观的形成阶段，缺乏社会经验和明辨是非的能力，容易受社会各种不良风气的影响。再加上现在家庭多数是独生子女，"小王子""小公主"的教育使当前青少年当中普遍存在偏执、自私、虚荣，盲目崇拜西方国家，唾弃传统美德，不良的家庭教育和社会风气很容易使青少年在幼小、无知的心灵中埋下贪慕虚荣、崇尚暴力的种子和逆反心理的祸根，酿出犯罪的苦酒。因此这个时期，也正是青少年处于人生的十字路口，处于人生的转折时期，有的人就在这个时期踏入了犯罪的深渊，最终在铁窗中浪费青春，过早地失去创造生活、实现自身价值的机会。

只有正确认识到生命的意义和价值，才能够实现生命的精彩。

丹麦人芬生没有辜负他来到人世间的 43 年。在托尔斯豪思学校读书时，校长的评语："芬生是个可爱的孩子，但天资低，颇为无能。"中学毕业，他爱上了一位渔家姑娘。正当他做着迷人的幻梦时，他染上了可怕的胞虫囊病，心爱的姑娘离他而去。失恋和疾病引起的屈辱使他下决心开始重新规划自己的人生。他写下座右铭："你一天到晚心烦意乱，必定一事无成。你既然期望辉煌伟大的一生，那么就应该从今天起，以毫不动摇的决心和坚定不移的信念，凭自己的智慧和毅力，去创造你和人类的快乐，只有这样，你生命才能焕发青春。"后来，芬生考进了哥本哈根大学医学院，并发誓不学成才决不回家。毕业后，他毅然辞去了母校的工作，放弃了优厚的薪俸，把毕生精力都集中在医学研究上，并按照自己的人生设计从事了一项造福人类的宏伟事业——研究用光线治病。1893 年，芬生发现红外线能治疗天花。1895年，芬生又发现紫外线能治疗狼疮。

1903 年 12 月 10 日，瑞典斯德哥尔摩第三次举行诺贝尔奖授奖庆典。芬生终于以他"用光线治病"这一医学史上的卓越贡献获得了诺贝尔奖。

芬生的一生虽然短暂并且充满了艰辛，但是为我们带来了这样一个重要启示：只有当一个人正确地认识到生命的价值，并且努力地去实现它，才能够战胜生命的阻碍和磨难，获得令人瞩目的成就。

有人说："人的生命只有一次，因而生命是宝贵的。"生命的宝贵不仅在于它只有一次，还在于它完全可以由我们自己设计。每个人都是自己生命的设计师，可以靠自己选择和行动来实现自己生命的精彩。

有一位父亲，在他很小的时候父母就去世了，他成了一名孤儿，孤苦伶仃，一无所有，流浪街头，受尽磨难。最终创下了一份不菲的家业，而他自己也已经到了人生暮年，该考虑辞世后的安排了。

这位父亲有两个儿子，他们都很能干，人品也不错。几乎所有的人包括他自己，都认为应该把财产一分为二，平分给两个儿子。但是，在最后一刻，他改变了主意。

他把两个儿子叫到床前，从枕头底下拿出一把钥匙，抬起头，缓慢而清楚地说道："我一生所赚得的财富，都锁在这把钥匙能打开的箱子里。可是现在，我只能把这把钥匙给你们兄弟二人中的一人。"

兄弟俩惊讶地看着父亲，几乎异口同声地问道："为什么？这太残忍了！"

"是，是有些残忍，但这也是一种善良。"父亲停了一下，又继续说道："现在，我让你们自己选择。选择这把钥匙的人，必须承担起家庭的责任，按照我的意愿和方式，去经营和管理这些财富。拒绝这把钥匙的人，不必承担任何责任，生命完全属于你自己，你可以按照自己的意愿和方式，去赚取我箱子以外的财富。"

兄弟俩听完，心里开始动摇。接过这把钥匙，可以保证你一生没有苦难，没有风险，但也因此而被束缚，失去自由。拒绝它？毕竟箱子里的财富是有限的，外面的世界更精彩，那样的人生充满不测，前途未卜，万一……

父亲早已猜出兄弟俩的心思，他微微一笑："不错，每一种选择都不是最好，有快乐，也有痛苦，这就是人生，你不可能把快乐集中，把痛苦消散，最重要的是要了解自己，你想要什么？要过程，还是要结果？"兄弟俩豁然开朗。哥哥说："弟弟，我要这把钥匙，如果你同意的话。"弟弟微笑着对哥哥说："当然可以，但是你必须答应我，好好管理父亲的基业，如果你答应我的话，我就可以放心去闯荡了。"二人权衡利弊，最终各取所需。这样的结局，与父亲先前的预料不谋而合，因为这时候最了解儿子的莫过于看着他们长大的父亲。

二十多年过去了，兄弟俩经历、境遇迥然不同。哥哥虽然生活舒适安逸，但是并没有沉沦，把家业管理得井井有条，性格也变得越来越温和儒雅，特别是到了人生暮年，与去世的父亲越来越像，只是少了些锐利和坚韧。弟弟生活艰辛动荡，几起几伏，受尽磨难，性格也变得刚毅果断。与20年前相比，相差很大。最苦最难的时候，他也曾后悔过、怨恨过，但已经选择了，已经没有退路，只能一往无前、坚定不移地往前走。经历了人生的起伏跌宕，他最终创下了一份属于自己的事业。这个时候，他才真正理解父亲，并深深地感谢父亲。

每个人的生命都掌握在自己手中。你可以选择平凡，也可以选择挑战，但无论过哪一种生活，都应当对自己的生命负责，充分发挥自己生命的潜能与价值。青少年是祖国的新一代，更是祖国的未来，因此我们要摆正好自己的心态，对自己的生命负责，走好人生的每一步，用自己的努力回报父母，回报社会，让我们的人生永放光彩。

做一个对社会有价值的人

有一位才华出众的年轻诗人，创作了很多的抒情诗篇，可是他很苦恼。因为，人们都不喜欢读他的诗。这到底是怎么一回事呢？

年轻的诗人从来不怀疑自己的创作才华。于是，他去向父亲的朋友——一位老钟表匠请教。

老钟表匠听后一句话也没说，把他领到一间小屋里，里面陈列着各式各样的名贵钟表。这些钟表，诗人从来没有见过。有的外形像飞禽走兽，有的会发出鸟叫声，有的能奏出美妙的音乐……

老人从柜子里拿出一个小盒，把它打开，取出了一只式样特别精美的金壳怀表。这只怀表不仅式样精美，更奇异的是，它能清楚地显示出星象的运行、大海的潮汐，还能准确地标明月份和日期。这简直是一只"魔表"，世上到哪儿去找呀？诗人爱不释手。他很想买下这个"宝贝"，就开口问表的价钱。老人微笑了一下，只要求用这"宝贝"，换下青年手上的那只普普通通的表。

诗人对这块表真是珍爱之极，吃饭、走路、睡觉都戴着它。可是，不久他到老钟表匠那儿要求换回自己原来的那块普通的手表。老钟表匠故作惊奇，问他对这样精美的怀表还有什么感到不满意。

青年诗人遗憾地说："它不会指示时间，可表本来就是用来指示时间的。我戴着它不知道时间，要它还有什么用处呢？有谁会来问我大海的潮汐和星象的运行呢？这表对我实在没有什么实际用处。"

老钟表匠微微一笑，把表往桌上一放，拿起了这位青年诗人的诗集，意味深长地说："年轻的朋友，让我们努力干好各自的事业吧。你应该记住：怎样给人们带来用处。"

诗人这时才恍然大悟，从心底里明白了这句话的深刻含义。

人生的精彩不在于你做什么，而在于你是否能够成为一个有用的人，并为自己的存在而骄傲。被人们认为迄今为止最有智慧的人的杰出代表——爱因斯坦，曾告诉我们："不要努力去做一个成功的人，而是要努力去做一个有价值的人。"他不仅为我们指明了一个人生发展的取向，而且也教会了我们一种正确对待人生的方式。

2003 年 8 月 14 日，全国著名的计算机专家谭浩强教授向清华大学全体新生党员 350 多人做了"怎样走向成功之路"的报告，引起极其强烈的反响。一位学生如此评价谭老师的人生哲学：人不可能永远一帆风顺，但无论顺利还是挫折，永远都要坚忍不拔，自强不息。

谭教授自己回忆说：1952 年我高中毕业了，已经报名报考清华大学，临考前，上海团市委派人找我谈话，说上海的中学政治思想工作薄弱，领导要求将一些优秀的中学团干部留在中学从事政治思想工作。组织上希望我放弃考大学，到中学当政治辅导员。我二话没说，表示同意，这样，我没有参加高考而被分配到上海复旦中学当政治辅导员。1953 年夏天，我国的高校进行大规模的院系调整，扩大招生名额，当年的高中毕业生全部进入大学人数还不够。党中央决定从工农兵和社会上有觉悟的知识青年中抽调一部分人考大学，以改善大学的政治成分。这时，组织又找我谈话，说："现在需要优秀的在职干部考大学，你愿不愿意上？"但是，不是保送而是和一般学生一样参加高考，一分也不加。这时离考试只有 3 个星期了，我说试试看吧。复习了 3 个星期，还未等我复习完，高考开始了。后来考上了清华大学电机系，电机系是当时清华取分比较高的一个系。

可以看到：一个人的具体发展带有一定的偶然性，很难事先预测到一生中每个阶段会出现什么情况。但只要报着服务社会、适应社会发展的心态努力去做一个对社会有用的人就能实现自己人生的价值。关于生命的价值和人生的意义，有这么一个小故事：

传说老子当年曾经骑着青牛路过函谷关，并在函谷府衙写下了著名的《道德经》。当时，有一位年逾百岁、鹤发童颜的老翁听说老子在这里，就到府衙去找他，希望能跟他讨教人生的哲学。

老翁对老子略略施了个礼说："听说先生博学多才，老朽愿向您讨教个问题。"

老子一见，也赶紧还礼。

老翁得意地说："我今年已经106岁了。说实在话，我从年少一直到现在，都是游手好闲地轻松度日。与我同龄的人都纷纷作古，他们开垦百亩沃田却没有一席之地，建了楼舍屋宇却只能安身在荒野郊外的孤坟。而我不同，虽然一生不种庄稼不耕田，但还是吃着五谷；虽没有接触过砖块瓦片，却仍然居住在避风挡雨的房舍中。先生，是不是我现在可以嘲笑他们忙忙碌碌劳作一生，只是给自己换来一个早逝的因果报应呢？"

老子听后，微微一笑，吩咐府尹说："请找一块砖头和一块石头来。"

不大一会儿，府尹就将砖头和石头拿了过来。老子将砖头和石头放在老翁面前说："如果只能选择其中一件，仙翁您是要砖头还是要石头？"

老翁得意地将砖头取来放在自己的面前说："我当然择取砖头。"

老子捋着胡须笑着问老翁："为什么呢？"

老翁指着石头说："这石头没棱没角，要它有何用？而砖头可以用得着。"

老子又招呼围观的众人问："大家要石头还是要砖头？"众人都说要砖头不要石头。

老子又回过头来问老翁："是石头寿命长呢，还是砖头寿命长？"老翁说："当然是石头了。"

老子释然而笑，说："石头寿命长，人们却不选择它；砖头寿命短，人们却选择它，不过是有用和没用罢了。天地万物莫不如此。寿命虽短，但对人对天都有益，天和人都选择它，都会记着它的好处，短也可以说不短；寿命虽长，但对人对天都无用，天和人都会摒弃它，并且把它遗忘，长也可以说是短的啊。"

老翁感到非常惭愧，立刻低下了头，以后再也没有取笑过别人。

生命的价值不在于索取，而在于无私地奉献。只有通过劳动为社会创造出财富，才是一个有价值的人，才能够得到他人和社会的尊重和认可。一个对社会有价值的人会把自己的生命用在创造价值上，用在对社会对别人作出贡献上，而不是将生命用在吃喝享乐上，他们的生命也将在不断为别人创造价值的过程中得到升华。